Reflections of a Vampire Reflexiones de
un vampiro (A Memoir) A Novel
(Memorias) Una novela Spanish (Español)

Reflections of a Vampire Reflexiones de un vampiro (A Memoir) A Novel (Memorias) Una novela Spanish (Español)

Anna Elizabeth

CONTENTS

1 1 1

R eflections of a Vampire
       Reflexiones de un vampiro
(A Memoir) A Novel
(Memorias) Una novela
Spanish (Español)

By: Anna Elizabeth
Por: Anna Elizabeth

Publicado por: Jo Ann Gray
Dedicación:
¡Dedicado a 'Anna', mi 'hija' que nunca conocí!
¡Que vueles alto en el Cielo!
¡Dedicado a mi hijo, Dustin!

¡El mejor hijo que una madre podría soñar con tener!

Prólogo

Mirando hacia atrás. Reflexiones de la propia vida. El dolor, la tristeza, solo momentos de amarga felicidad. Entonces, mi historia ahora puede ser contada. Soy Maria Grace, una inmortal, una vampira. He sido un no-muerto durante décadas, incluso siglos. He visto mucho, he sentido mucho y he amado demasiado durante estos años tristes, especialmente en mis días mortales. Al reflexionar, encuentro mis recuerdos entretejidos con dolor y fugaces momentos alegres, aunque breves. Se elevan como las brumas que se ciernen sobre el pantano al amanecer. Hermosa, pero espesa con el peso del dolor. He vagado a través de las sombras de este mundo, presenciando el flujo y reflujo de la humanidad a medida que los años se despliegan como los pétalos de una flor marchita.

Este cuento, esta historia, no es para los débiles de corazón. Esta historia, me gustaría compartir, consiste en mi vida mortal que conduce a mi vida inmortal. Es una historia impregnada de oscuridad, con secretos no contados, ahora revelados. El pasado, el presente, una vida de arrepentimientos y decisiones amargas y difíciles tomadas. Las memorias de un vampiro, por así decirlo, tejidas a través de los hilos de mi vida mortal que conducen a la inmortalidad maldita que ahora me une. Reflexiones de un ser no muerto que retrocede al pasado, a un mundo de arrepentimientos y amargos momentos de felicidad.

A la edad de veintisiete años, cambié para siempre, pero me gustaría empezar desde el principio...

De niña era frágil, enfermiza, una delicada brizna de niña atrapada en un cuerpo que me traicionaba. A la edad de cinco años estaba mortalmente enfermo. Mi piel era tan pálida como la luz de la luna, mi espíritu vacilaba como una vela en el viento. Mis padres parecían haber renunciado a cualquier esperanza de que sobreviviera. Una vez llenos de esperanza, parecían haberse rendido a la desesperación. Me diagnosticaron una rara enfermedad de la sangre, que era básicamente un cáncer de la sangre en el lenguaje actual, pero en mis días de infancia era inaudito tener una enfermedad así, una aflicción indescriptible. El único médico, médico, era el médico local en la pequeña ciudad de Nueva Orleans. Este extraño hombre de pelo gris era bajito, casi como un gnomo, y hablaba con una voz gruñona que me provocaba escalofríos. Me asustó un poco. Haría todo lo posible para tratar mi enfermedad, pero a pesar de sus frenéticos esfuerzos, no tenía idea de lo que estaba dañando mi cuerpo. Las transfusiones de sangre eran extremadamente dolorosas, pero el médico juró que eran necesarias. Mientras este hombre bajito y aterrador se secaba el sudor de la frente, siempre me ponía nervioso. Mi dolor era casi insoportable, sobre todo desde que era una niña y no entendía por qué este médico me estaba haciendo daño. Parecía que estaba mal equipado para manejar mi tipo de enfermedad. Mientras intentaba drenar el veneno de mis venas, mi madre lloraba mientras sostenía mi mano mientras el médico drenaba la sangre dañina de mi cuerpo. El sudor del doctor le corría por la frente, como un recordatorio de la batalla que libró contra un enemigo que no podía ver ni entender. Cada vez que la aguja perforaba mi frágil piel, sentía que se me escapaba un pedacito de mi infancia.

Entonces, una noche fatídica, todo cambió. Una mujer llamada Melissa entró en mi vida, una figura envuelta en sombras y misterio. Pensé que solo estaba soñando, pero su belleza era inquietante y sentí una atracción inexplicable hacia ella. No se parecía a nadie que yo hubiera visto antes, con el pelo oscuro y largo y los ojos como esmeraldas. Parecía que sus ojos brillaban a la tenue luz de la luna. Estaba asustada más allá de lo imaginable mientras me preguntaba de dónde venía y cómo había entrado en mi habitación. Mi madre estaba profundamente dormida a mi lado mientras yo estaba congelado por el miedo, y lágrimas de silencio corrían por mis mejillas mientras apretaba más mi manta debajo de mi barbilla.

Aunque no lo sabía en ese momento, ella era un vampiro, un ser inmortal que alteraría mi destino para siempre. Con su sangre, que solo llegaba a mis labios, me curó, sacándome del precipicio de la muerte. Sin embargo, había un pequeño precio que pagar por esta curación. Mi madre, en un momento de compasión sobrenatural, se convirtió en su sacrificio. Vi con horror cómo Melissa drenaba la vida, la sangre, de mi madre, un ritual que retorcía el vínculo del amor hasta convertirlo en algo grotesco. Mi padre fue olvidado desde que nos dejó hace meses, por lo que nadie estaba allí para defendernos de este ser aterrador de una dama.

Sola en el mundo, fui acogida por Melissa, quien me crió en los oscuros y sombríos pasillos de un burdel, dentro del Barrio Francés. Me había olvidado por completo de aquella horrible noche en la que Melissa asesinó a mi madre. Era tan joven e ingenua, pensaba que Melissa era mi salvadora, mi guardiana. La casa del burdel se convirtió en mi nuevo hogar.

Los años pasaron, y a la edad de veinte años, encontré un destello de felicidad en la forma de Patrick, un visitante frecuente del burdel. Nuestra conexión fue instantánea, eléctrica, como si nuestras almas se reconocieran a través del vacío de la existencia. Era un poco mayor que yo, pero no me importó. En esos momentos robados y privados, creía en el amor, en algo puro en medio del sórdido telón de fondo de mi impredecible vida.

Pero el amor, como aprendería con dureza, es una cosa frágil con mucho dolor asociado a ella. Melissa, con su naturaleza posesiva, no podía soportar verme con Patrick y la felicidad que me traería. Lo hizo desaparecer, se deshizo de él, aunque no me di cuenta en ese momento. Lo hizo desaparecer como la niebla bajo el sol de la mañana. La desesperación me consumió, y me vi obligado a vagar por los pasillos resonantes de mi dolor, atormentado por preguntas sin respuesta que parecían no tener justicia. – ¿A dónde se fue? – ¿Por qué se iría?

En muchos intentos por consolarme, Melissa me regaló un espejo de plata vintage. Era una cosa pequeña, pero brillaba con una luz de otro mundo, y ella me dijo que era muy especial. Contaba historias de cómo este pequeño espejo podía incluso dejar que un vampiro, un inmortal, viera su reflejo perfectamente. Juró que era una muestra de su afecto hacia mí. Tal vez, fue afecto, amor o simplemente una forma de llenar el vacío de la culpa. Lo apreté contra mi pecho, pero se sentía pesado, como una piedra en mi corazón.

En esa habitación oscura e iluminada por la luna de la casa del burdel en las tranquilas calles de lo que ahora es el Barrio Francés, me senté sosteniendo el pequeño espejo vintage, trazando los intrincados diseños con las yemas de los dedos, mientras pensaba en Melissa. Pensé en cómo posiblemente me amaba y se preocupaba por mí, en cómo solo quería que estuviera en paz y que siempre estuviera a salvo. Mentiras, parece ahora, que se dijeron para mantenerme con ella.

Los días se convirtieron en semanas, las semanas en meses y los meses en años, mientras Melissa contaba historias de romance y aventuras, con la esperanza de animar mi espíritu. Sus historias se sentían vacías en ausencia de mi Patrick, pero vagamente parecían tranquilizarme mientras me las contaba. Recuerdo uno de los cuentos de los que me había hablado...

"Hace mucho tiempo, en un pueblo olvidado, había una señora que vivía en la casa del burdel del pueblo con su tía separada. Se llamaba Grace. Era una chica enérgica con ojos marrones y cabello castaño ondulado. Tenía solo diecisiete años cuando se convirtió en una criatura inmortal que se alimenta de hombres, drenándolos de su sangre para sobrevivir. Era una noche oscura y lluviosa cuando un caballero de estatura entró en la casa del burdel. Se acercó a la barra y pidió un trago de whisky. Grace estaba trabajando detrás de la barra para el camarero esa noche, ya que era perezoso y no quería hacer su trabajo. Este misterioso hombre era alto y moreno, con una barba gris descolorida. Grace se intrigó al instante. Este caballero conectó bastante bien con Grace, y se conocieron íntimamente. Por la mañana, en el dormitorio de Grace, se despertó sola, y el misterioso hombre se había ido, para no ser visto nunca más. La gracia cambió para siempre. Ahora era una vampira en ciernes, con solo sangre humana para sostenerla de su humanidad. A medida que pasaban las noches, Grace ya no podía soportar la luz del sol, era una tortura en su piel. Su tía se dio cuenta de que algo no le iba bien, pero no se atrevió a intervenir. Una noche, mientras Grace estaba en su dormitorio, se volvió insoportable. El hambre de sangre humana la superó. Podía oler el aroma de la sangre en el aire. El impulso la llevó a la habitación de su tía, donde dormía profundamente. Grace asesinó brutalmente a su tía y drenó toda la sangre de su cuerpo, ya que se sentía intrépida, satisfecha. La leyenda dice que Grace todavía reside en un antiguo burdel incluso ahora. Ella nunca puede morir. Debe sobrevivir solo con sangre por toda la eternidad.

Melissa me contaba muy a menudo estas tonterías, y siempre parecían terminar en algún tipo de tragedia. En ese momento, supuse que estaba obsesionada con estas extrañas y espeluznantes historias de vampiros, pero pronto me daría cuenta de que Melissa estaba hablando de su propia experiencia. La historia de Grace, que me imaginé que era, en realidad, Melissa, de cómo lamentablemente se convirtió en una inmortal. A ella le encantaba contarme tragedias románticas, y debo admitir que disfrutaba de nuestros momentos de tranquilidad a altas horas de la noche mientras Melissa contaba estas historias, mientras descansábamos en nuestra cama bebiendo algún tipo de bebida alcohólica o morábamos en alguna habitación tranquila de la casa del burdel. Compartiré varias de estas historias que me contó Melissa mientras les escribo estas memorias, algunas mucho más largas que otras, pero aún parecen reflejar vagamente el pasado de Melissa. Una de esas historias trágicas, pero románticas, fue...

"En el descarnado pero romántico Londres de los años 1500", cuenta la triste historia de Sara y Dustin, dos almas jóvenes que encuentran el amor en medio de las dificultades. Sara, una joven de delicada salud, se enamora perdidamente de Dustin, un poeta en apuros. Su breve tiempo juntos está lleno de mucha pasión y ternura, pero Sara es golpeada por una fiebre implacable. Mientras Dustin lucha contra un destino cruel para salvarla, ve cómo su vida se desvanece lentamente. En una ciudad llena de sombras y de gran belleza, se encuentra completamente solo, marcado para siempre por el amor que cambió su vida, aunque solo sea por un momento fugaz. Corría el año 1546 y las calles de Londres estaban envueltas en una niebla húmeda y escalofriante que se aferraba a los callejones como un fantasma persistente. La gente corría por las calles mojadas, con la cabeza gacha, la mente puesta en la supervivencia, pero entre ellos estaba Sara, una figura esbelta que se movía con una gracia casi etérea. Su risa era suave, reconfortante, pero contagiosa, como el tañido de campanas lejanas, un sonido raro en un mundo donde la alegría era un bien escaso. Sara trabajaba como costurera, sus delicados dedos tejían belleza con las telas monótonas que le regalaban. Su vida era sencilla y tranquila hasta que una noche conoció a Dustin. Dustin, un poeta con poco a su nombre pero con un corazón genuino lleno de anhelo, había crecido sabiendo que el amor era cosa de cuentos de hadas, pero cuando vio la sonrisa cálida y tranquilizadora de Sara, algo dentro de él cobró vida. Su amabilidad, su risa, su espíritu feroz, todo eso lo atrajo como un imán. Se encontraron en el concurrido mercado, donde Dustin había ido a vender su poesía a cualquiera que quisiera escucharla. Se acercó a ella con un soneto en las manos, una ofrenda tan humilde como sincera. Las mejillas de Sara Se sonrojó y sus ojos brillaron al leer sus palabras. No estaba acostumbrada a tales atenciones, especialmente de alguien que la miraba como si fuera un bendito milagro. A partir de ese día, Sara y Dustin se reunían siempre que podían, su tiempo juntos robado a las exigencias de sus vidas. Caminaron por las orillas del agua, sus risas se mezclaban con el murmullo del río. Dustin le recitaba sus poemas, sus palabras llenas de ese anhelo que nunca pudo plasmar en prosa, y para Sara, esos momentos con él eran como respirar aire puro después de toda una vida en la oscuridad. A medida que el invierno comenzaba a asentarse sobre Londres, el amor de Sara y Dustin se hizo mucho más fuerte, mucho más cercano. Se reunían en rincones privados y escondidos, bajo los arcos de los edificios derrumbados, susurrando secretos y sueños íntimos, sus deseos más profundos el uno al otro como si no hubiera un mundo más allá de ellos dos. La brumosa grisura de Londres no podía tocarlos; Habían creado su propio calor, un santuario lejos de la desolación de las calles abarrotadas. Una noche, mientras caminaban cerca del Puente de la Torre, Sara comenzó a toser, un sonido pequeño e inocente que Dustin podría haber descartado si no hubiera regresado los días siguientes, cada vez más insistente, más doloroso para Sara. Su piel se puso pálida, sus ojos febrilmente brillantes, pero lo ignoró con una pequeña risita, diciendo: "Es solo el frío invernal. No le hagas caso, mi amor.

Pero Dustin no podía simplemente ignorarlo, las sombras cada vez más profundas bajo los ojos de Sara, la forma en que temblaba como si cada respiración fuera una lucha. Comenzó a permanecer cerca de ella, su corazón de poeta dolía ante la idea de que algo tan hermoso pudiera estar sufriendo tanto. La sostenía mientras ella temblaba, rodeándola con fuerza con los brazos, como si pudiera protegerla de cualquier enfermedad, cualquier enfermedad, cualquier fiebre que estuviera apretando su frágil cuerpo. Pasaron los días y el estado de Sara empeoró. Ahora estaba atormentada por una fiebre más profunda, su piel caliente al tacto, su risa una vez brillante reducida a sonrisas débiles. Dustin, incapaz de soportar la idea de perderla, buscó todos los remedios que pudo encontrar, visitando boticarios y curanderos divinos por toda la ciudad. Se sentaba junto a su cama. apretando paños fríos contra sus frágiles frentes, susurrando poesía con la esperanza de que sus palabras llegaran a alguna parte de ella que la fiebre aún no se había llevado. —Vas a mejorar, mi dulce Sara —le prometía Dustin, con voz insegura, quebrada—, debes hacerlo. No puedo vivir sin ti".

Pero Sara, con una mirada de tranquila resignación, solo sonreía con una sonrisa tenue y frágil, un gesto débil, como si ya supiera una verdad que él se negaba a ver. La noche en que la fiebre de Sara alcanzó su punto máximo fue una que Dustin recordaría con dolorosa claridad por el resto de su vida. El viento aullaba fuera, haciendo temblar las persianas de su pequeña habitación, mientras que en el interior, Sara yacía bajo las mantas de lana, con la respiración entrecortada y desigual. Dustin se sentó a su lado, agarrándole la mano como si su propia vida dependiera de ello. Sara se volvió hacia él; Sus ojos desenfocados, pero aún llenos del amor que los había unido. —Dustin —susurró ella, su voz no era más que un suspiro frágil—, anoche soñé contigo. Estábamos... junto al mar. El sol brillaba intensamente y éramos libres como los pájaros que vuelan alto en el cielo... oh, cómo deseo..." Sus palabras se disolvieron en una tos, una que le revolvió el cuerpo y la dejó sin aliento. El corazón de Dustin se retorcía de miedo, cada instinto dentro de él gritaba que hiciera algo, que luchara contra la inevitabilidad que parecía cernirse sobre ellos como una sombra oscura. "Sara, por favor... No me dejes", suplicó, con la voz entrecortada por mucha emoción y sentimientos. "Eres todo lo que tengo. No dejes que la fiebre te aleje de mí".

Una cálida lágrima se deslizó por la mejilla de Sara mientras extendía la mano, sus dedos frágiles y temblorosos al tocar su rostro entristecido, "Mi amor", murmuró, sus palabras llenas de una ternura desgarradora, "Me has dado una felicidad que nunca soñé posible. Si tengo que irme, que sea con el recuerdo de que estás tan cerca de mi corazón.

Dustin no quería aceptar sus palabras, no podía soportar dejarla ir. La estrechó en sus brazos lo más cerca que pudo, sus propias lágrimas de tristeza caían por su rostro mientras susurraba promesas, jurando amarla más allá del tiempo, por toda la eternidad, más allá de la vida misma. La noche se alargaba y Dustin permanecía a su lado, aferrado a la débil esperanza de que el amanecer traería un milagro, pero cuando las primeras luces de la mañana se colaron en la habitación, la respiración de Sara se hizo más lenta, su mano se le escapó de las manos. La fiebre, implacable y despiadada, finalmente se había cobrado su vida. El mundo parecía un lugar vacío e incoloro sin Sara. Dustin vagaba por las calles de Londres como una cáscara hueca, su mente consumida por la imagen de su rostro inmóvil, su amable sonrisa congelada en la paz eterna. El amor que una vez había llenado su corazón ahora se sentía como un cuchillo, cortándolo con cada paso que daba. Su poesía, una vez llena del calor del amor de Sara, ahora se volvió oscura, llena de desesperación y profundo anhelo. Escribió versos para Sara, cada palabra empapada de tristeza, con la esperanza de que de alguna manera, de alguna manera, sus palabras pudieran llegar a ella dondequiera que estuviera. Dustin gastó Sus noches junto al río por donde una vez habían caminado, su voz resonando en el vacío mientras recitaba sus poemas a las orillas indiferentes del agua, cada línea era un lamento por el amor que había perdido demasiado pronto. En las semanas que siguieron a la muerte de Sara, Dustin trató de encontrar consuelo en los lugares que una vez habían compartido. Se sentaba junto al fuego, con las manos agarrando los fragmentos de poesía que ella había leído, sus versos favoritos marcados por las más tenues manchas de las yemas de los dedos. Cada pedazo de ella al que se aferraba se sentía como un salvavidas y, sin embargo, eran meras sombras de la mujer a la que realmente había amado tan ferozmente. Estaba obsesionado por las últimas palabras que ella le había hecho, la forma en que ella le había susurrado la felicidad que él le había dado. Se sentía como una bendición y una maldición. Dustin se quedó con recuerdos que calentaron su corazón, incluso cuando lo destrozaron, recuerdos que le recordaron la vida que había perdido y el único amor que nunca pudo reclamar. Incapaz de enfrentarse a la realidad de un mundo sin Sara, Dustin volcó su dolor, su dolorosa pena, en su obra, en su poesía. Elaboró poema tras poema, cada uno de los cuales era un testimonio de Sara, del amor que había ardido tan brillantemente y terminado tan cruelmente. Sus palabras se convirtieron en su único consuelo, su único medio de mantener vivo su espíritu en un mundo que había seguido adelante sin ella.

Una noche, mientras estaba sentado en la penumbra de su habitación, Dustin comenzó a escribir su última oda a Sara, una pieza que capturaría su esencia, su belleza, su risa hipnotizante, todas las cosas que nunca podría olvidar. Su mano temblaba mientras escribía, cada palabra extraída de lo más profundo de su alma, mientras las lágrimas acaloradas rodaban por sus mejillas sobre el papel. Cuando terminó, lo leyó en voz alta, con la voz quebrada por la emoción mientras pronunciaba las últimas líneas...

Aunque el beso de la fiebre te haya reclamado así,
Mi corazón arderá dondequiera que vaya,
Por amor, aunque breve, como un aliento fugaz,
Lo vencerá todo, incluso la muerte más fría".

Al citar esas últimas palabras, Dustin sintió una extraña sensación de paz, una tranquila resignación. Sara podría haberse ido, pero su amor por ella seguiría vivo, inmortalizado en los versos que acababa de escribir. Aunque ella nunca volvería con él, él había capturado una parte de ella que ninguna enfermedad, ninguna muerte, podría borrar jamás. Dustin dobló el poema y lo colocó junto a su descolorido retrato en blanco y negro, sabiendo que le había dado todo lo que podía. Le dolía el corazón, pero por primera vez desde que ella lo había dejado, sintió como si pudiera respirar. Sara había sido su musa todo el tiempo, su verdadero amor, su mejor amiga, y aunque ahora se había ido, las palabras de su poema, que acababa de escribir en su memoria, permanecerían, un tributo a un amor que, aunque trágicamente corto, lo había cambiado para siempre.

El frágil y hermoso romance entre Sara y Dustin, ambientado en las sombrías calles de Londres en los años 1500, expresó su amor, aunque breve, se convirtió en una fuerza poderosa, trascendiendo el dolor de la pérdida. La poesía de Dustin sigue en pie como un monumento atemporal a su amor eterno, incluso cuando lo deja atormentado por el recuerdo de una vida frágil a la que no pudo aferrarse, que no pudo conservar.

Los cuentos de Melissa, aunque tristes a veces, siempre me emocionaban, siempre me golpeaban el corazón, pero siempre me preguntaba por qué contaba historias tan trágicas.

Una noche triste, Melissa finalmente reveló la verdad, aunque no admitió que era un vampiro, un ser inmortal real. Confesó haberle quitado la vida a mi madre la noche en que me curó con su sangre. Esta revelación me destrozó. Ella me había dado su sangre sagrada para sostener mi vida, mi existencia. Admitió haberse deshecho de mi único amor, Patrick. Afirmaba que necesitaba que yo estuviera siempre con ella, que nunca me fuera ni huyera de ella. La furia corría por mis venas como el fuego, encendiendo una rabia que nunca había conocido. Perdí todo el control de mis emociones, impulsado por un impulso primario de pura venganza. Me enfrenté a Melissa, y en ese fatídico enfrentamiento, me convertí en un asesino. Su sangre, su vida de no-muerto, manchada en mis manos, una mera marca de mi fatal transformación. Mientras clavaba la daga oxidada, desde el tocador, profundamente en su corazón invicto, ella enterró sus colmillos en mi cuello en señal de defensa. Me atacó con fuerza mientras el cuchillo sucio aún residía en su pecho. Mientras succionaba brutalmente la sangre de mi cuerpo, empujé contra su pecho con la esperanza de liberarme de su agarre. Sintiéndome débil y agotado, renuncié a tratar de liberarme de ella. Colocando mis manos manchadas de sangre sobre mi boca, grité de dolor mientras pensaba que mi vida estaba terminando. Melissa era tan fuerte y feroz contra mi cuerpo, pero se estaba muriendo. Podía llenarla quedándose inerte mientras caía al suelo de madera. Su cuerpo sin vida yacía tranquilamente sobre los tablones del suelo, pero seguía siendo tan hermosa que parecía estar mirando las estrellas en el cielo nocturno con sus ojos vidriosos y esmeralda. Arrodillado junto a ella, saqué la daga de su pecho ensangrentado y la arrojé a través de la habitación desierta. Fue entonces cuando sentí algo extraño en mis labios, era la sangre de Melissa. Me desmayé.

Mientras me miro en este espejo vintage que todavía poseo, recuerdo a Melissa y los momentos más dulces que compartimos. Me peino mi largo y delgado cabello negro mientras derramo una pequeña lágrima de sangre de mis ojos azules. Ahora, resido en el mismo hotel que una vez fue esa casa de burdel, un santuario de recuerdos amargos y dulces, en el corazón del Barrio Francés de Nueva Orleans. Los ecos de mi pasado persisten en el aire y, a medida que sale la luna, reflexiono sobre las decisiones que han dado forma a mi existencia inmortal, pero el mundo de la inmortalidad estaba lejos del santuario que habría imaginado.

Esta es mi historia, un tapiz de amor, pérdida y la sombra implacable del arrepentimiento, y comienza de nuevo con los recuerdos susurrados de una niña que una vez creyó en la promesa de la vida, solo para convertirse en una criatura de la noche. Aunque, no está en ningún orden apropiado, mi historia, pero es la verdad de la que hablo. Estas son mis memorias, mis reflexiones sobre un vampiro...

Capítulo 1

Mientras me siento en la penumbra de mi habitación de hotel, mi hogar, las sombras parpadeantes bailan a través de las paredes, como fantasmas del pasado. Casi puedo oír la cadenciosa voz de Melissa tejiendo el aire, contando historias que difuminaban la línea entre el encanto y el horror. Esos momentos, tanto inquietantes como dulces, permanecen en mi mente de muertos vivientes, ofreciendo un consuelo agridulce mientras reflexiono sobre mi tiempo creciendo en la casa del burdel.

Melissa era más que una guardiana; Ella fue una fuerza tempestuosa en mi vida, a la vez cariñosa y temible. En los primeros días después de mi curación, su presencia me envolvió como una manta cálida y sedosa. A menudo se sentaba a los pies de mi cama; Sus ojos esmeralda brillan a la suave luz de la lámpara de aceite y me cuentan pequeñas historias que capturaron mi imaginación. Cada cuento era una mezcla de romance y tragedia, lleno de personajes cautivadores que bailaban a través de la delgada línea entre el amor y la desesperación.

»Había una vez una hermosa dama llamada Isabella —comenzaba ella, con voz de terciopelo—, que vivía en un mundo pintado con los colores de los sueños. Amaba ferozmente, pero estaba atada por el destino, atrapada en un amor que nunca podría ser, su corazón era una cosa frágil, que revoloteaba como un pájaro atrapado..."

Me aferraba a cada una de sus palabras, imaginándome a mí misma como Isabella, perdida en un mundo de tonos vibrantes. Melissa tenía una forma de tejer sus narrativas que me hizo creer en la magia, incluso en medio de las sombras de la casa del burdel. Esas noches se sentían como tesoros robados, un santuario de las sombrías realidades que nos rodean. Crecer en la casa del burdel fue una extraña mezcla de inocencia y conocimiento. El aire estaba cargado de aromas a jazmín y algo más oscuro, y los sonidos de las risas, los gestos coquetos y los secretos susurrados llenaban los viejos pasillos boscosos. Fui una niña entre mujeres que vivían según sus propias reglas, navegando por un mundo que se tambaleaba al borde de lo surrealista. Aprendí rápidamente a mantener la cabeza gacha, a moverme con gracia entre las sombras, mezclándome con el murmullo de las conversaciones en voz baja y el susurro de las faldas. A pesar del sórdido telón de fondo, hubo momentos de alegría que parpadearon como velas en la oscuridad. Recuerdo las fiestas de baile improvisadas en el salón del burdel, donde las mujeres giraban y giraban, las risas seductoras resonaban en las paredes, borrando momentáneamente el peso de sus vidas. Melissa a menudo dirigía estas festividades, su risa resonaba como una campana, vibrante y viva. Observaba con asombro, sintiendo un ritmo contagioso palpitar a través de mí, imaginando que era una de esas bellas damas con sus vestidos elegantes y medias de seda; Me sentí parte de algo más grande. Sin embargo, bajo la inmensa risa, sentí una tensión en el aire. La casa del burdel era un mundo de secretos, donde las miradas intercambiadas contenían mil palabras no dichas. Las mujeres a veces se acurrucaban juntas, compartiendo susurros que hacían que sus ojos brillaran con picardía o se oscurecieran con vergüenza y desesperación. Anhelaba unirme a ellos, comprender las profundidades de sus vidas, pero Melissa siempre me acercaba, protegiéndome de las complejidades que consideraba demasiado pesadas para mi frágil corazón.

—No todas las historias tienen un final feliz, querida. Este tipo de vida no era para ti, Maria Grace. Melissa me lo recordaba, con una pizca de tristeza a través de sus palabras. "La vida puede ser cruel, y las sombras a menudo perduran más que la luz".

Me aferré a sus palabras, intrigadas y aterradoras, pero no las comprendí realmente en ese momento. Melissa era una paradoja, una figura de luz y oscuridad que me cautivaba con sus cuentos. Cada historia servía como un recordatorio de los peligros que acechaban más allá del umbral de nuestro santuario distanciado, sin embargo, no podía dejar de admirar su fuerza, su capacidad para navegar por un mundo que a menudo parecía decidido a devorar a los débiles de corazón.

Con el paso de los años, la inocencia de mi infancia comenzó a desvanecerse, como la luz menguante del crepúsculo. Mi vínculo con Melissa se profundizó, pero sentí una corriente subterránea de inquietud, una sensación de que su amor venía con cuerdas atadas fuertemente alrededor de mi corazón. Quería creer que ella era mi protectora, mi salvadora, pero las sombras danzaban justo fuera de la periferia de mi entendimiento, burlándome con la verdad que aún no estaba lista para enfrentar. Había noches en las que me quedaba despierto, mirando el techo ennegrecido, escuchando los sonidos de la casa del burdel, el suave murmullo de las voces, las risas lejanas y el suspiro ocasional que resonaba en los oscuros pasillos. Me preguntaba acerca de las mujeres que habitaban este mundo, sus vidas tejidas por elección o circunstancia, y dónde encajo yo en su tapiz. Se sentían como una familia para mí, pero todavía sentía una distancia en mi corazón. Melissa a menudo venía a mí, sintiendo mi inquietud. Se sentaba a mi lado, apartando mi cabello voraz de mi frente, su tacto era a la vez tierno y posesivo.

—Eres especial, Maria Grace —susurraba, con los ojos brillando con una intensidad que me reconfortaba y asustaba a la vez—. "Nunca olvides que eres verdaderamente amado, el mundo exterior puede ser oscuro, pero siempre te protegeré".

En esos momentos, deseaba tanto creerle, confiar en ella, confiar en su seguridad y en la promesa de sus palabras, pero a medida que crecía, las sombras parecían profundizarse. El peso de su amor comenzó a sentirse como una cadena que me ataba a ella, incluso cuando anhelaba algún tipo de libertad. Observé cómo navegaba por su dualidad, una cuidadora y una depredadora, dejándome cuestionar la naturaleza misma de nuestro vínculo distanciado. Sin embargo, incluso ahora, al reflexionar sobre esos tiempos, no puedo evitar recordar lo bueno, las risas, las historias y los momentos fugaces de alegría que Melissa me había regalado todos esos años. Brillan como estrellas en el cielo nocturno, iluminando la oscuridad que se cierne cada vez más cerca. Cada recuerdo es un amargo recordatorio de lo que una vez fue, una delicada danza entre el amor y la tristeza que continúa dando forma a mi existencia inmortal. Mis pensamientos se reflejan en una historia que Melissa me contó una vez...

Melissa estaba de pie junto a la ventana, sus delgados dedos trazando el contorno del cristal cubierto de niebla. La luna estaba alta, proyectando un resplandor espeluznante a través del paisaje exterior. La silueta torcida de un viejo roble se alzaba a lo lejos, con las ramas retorcidas y retorcidas como si estuvieran congeladas en la agonía de algún antiguo tormento. Me senté frente a ella, retorciendo un mechón de mi cabello oscuro con los dedos, mis ojos saltando de Melissa al enorme roble a través de la ventana. – Parece que llevas horas mirando ese viejo árbol, Melissa. ¿Qué tiene ese árbol que te cautiva tanto?

Melissa suspiró, su voz baja y distante, como un susurro llevado por el viento a través del bosque hueco. —Ese árbol —comenzó— tiene una historia. Uno oscuro. Uno que acecha esta misma tierra. Nunca pensé mucho en ello, hasta que aprendí la verdad y su verdadero significado".

Me incliné hacia adelante, lentamente, la curiosidad me acercó más a las palabras de Melissa: "¿Qué verdad?"

"La historia de un hombre y una mujer. Hace mucho tiempo, antes de que el roble se retorciera tanto y antes de que se derribara, se erguía alto, recto y orgulloso. Se decía que era un símbolo de amor, porque crecía en la tierra de una pareja que estaba unida por la pasión pero maldecida por el destino".

Melissa se apartó de la ventana, su rostro ensombrecido por la tenue luz de las velas, "Su nombre era Elijah, un hombre del bosque. Tenía el pelo oscuro, del color de la noche, y unos ojos que podían ver a través de tu alma. Era salvaje, indómito y estaba profundamente enamorado de una mujer llamada Anna, una belleza del pueblo. Tenía el pelo tan rojo como las hojas de otoño, en contraste con las sombras que llevaba dentro. Se conocieron en secreto bajo el enorme roble, su amor prohibido por la familia de Anna. Ella ya estaba prometida a otro hombre, un hombre de riqueza y gran título, alguien a quien su padre consideraba digno, pero su corazón pertenecía a Elías. Se escabullían bajo la guardia de la luna, con las manos entrelazadas, susurrando promesas de eternidad bajo la copa de este mismo árbol. La voz de Melissa se volvió más oscura, una pizca de tristeza entrelazó sus palabras: "Pero el destino, por muy a menudo que lo haga, tenía otros planes para ellos. Una noche, cuando Anna y Elijah se encontraron bajo el roble, fueron descubiertos, atrapados. Su prometido, un hombre de mucha estatura, llamado Marcus, los encontró, después de seguir a su futura esposa. Consumido por la rabia, golpeó brutalmente a Elías. La vida se escurría de sus ojos mientras Anna gritaba de angustia, pero Marcus no vaciló, su furia estaba lejos de estar satisfecha. Agarró a Anna por la muñeca y la arrastró, pero ella luchó contra él con todo lo que tenía, arañando la tierra mientras él la arrastraba, rompiéndose en fragmentos destrozados de pedazos amargos.

Mi frágil aliento se atascó en mi garganta, "¿Qué le pasó a ella?"

Los ojos de Melissa parecían distantes, muy lejanos, como si estuviera en un mundo propio, mientras hablaba: "Anna finalmente regresó al roble, visitándolo día tras día, llorando a su amante perdido. Se sentaba en la base del árbol, su cuerpo se consumía a medida que el dolor la consumía. Rezó a los espíritus del bosque, a los antiguos poderes, por una última oportunidad de estar con Elías, pero nada cambió, nada sucedió".

Un escalofrío pareció llenar la habitación mientras Melissa continuaba su historia, su voz suave, pero pesada con una profunda tristeza en sus ojos, "Hasta que una noche, cuando los vientos aullaron y el cielo se abrió por una terrible tormenta eléctrica. Anna estaba allí de nuevo, bajo el viejo roble, bajo sus hojas marchitas mientras la lluvia rodaba por sus ramas, llorando. Sus gritos resonaban con fuerza a través de los árboles alrededor del roble. Ella llamó y suplicó por Elías, rogándole que regresara a ella, y en ese momento, una horrible fuerza de la naturaleza respondió a sus gritos".

Melissa hizo una pausa, con la mirada fija en el viejo roble, mientras miraba a través de la ventana, "El roble... Se retorció. Sus ramas se enroscaban y gemían, inquietantemente, como si estuviera vivo, como si estuviera sufriendo. Y luego, desde la tierra mojada debajo de ella, una mano se extendió desde la tierra, una mano ennegrecida y retorcida como las raíces del viejo roble, era la mano espantosa de Elías".

Jadeé en silencio, "¿Volvió?"

—No como era —replicó Melissa, su voz ahora apenas un susurro—, era otra cosa, algo mucho más oscuro y antinatural. Su simple cuerpo se había convertido en parte del viejo roble, su alma estaba ligada para siempre a él. Anna se sintió abrumada por un gran miedo, terror, pero tuvo mucha alegría mientras corría hacia él, mientras él se arrastraba desde la tierra humedecida. Ella abrazó su cuerpo torcido, pero en el momento en que su piel se tocó, ella también comenzó a cambiar. La maldición se extendió a través de ella, convirtiéndola en algo más parecido a él, su cadáver no muerto. Se convirtieron en parte del árbol. Los consumió al instante".

Los ojos de Melissa brillaron con el peso de la historia mientras me miraba, "En su último aliento, Anna susurró que nunca lo dejaría de nuevo, quería estar unida a él para siempre, sin importar el costo. Y así, el árbol se los llevó a ambos, retorciéndolos en sus ramas nudosas, sus almas desapareciendo, entrelazadas para siempre en un abrazo trágico dentro del roble retorcido".

Me estremecí, mis ojos se dirigieron a la figura de forma oscura del roble retorcido fuera de la ventana, "Entonces, ¿todavía están allí?"

Melissa asintió, lentamente, "Sí. Algunos dicen que se pueden escuchar en las noches tranquilas cuando el viento aúlla silenciosamente, los suaves gritos de misericordia de Anna y los susurros lúgubres de Elijah. Otros dicen que el roble vigila a los que caminan bajo él, hambrientos de más almas, más corazones rotos, para reclamar".

Un pesado silencio se instaló entre nosotros, el peso de la historia oprimía como la espesa niebla del exterior.

—¿Por qué me cuentas esto, esta triste historia? —pregunté, mientras mi voz temblaba de emoción.

La mirada de Melissa se encontró con la mía, algo ilegible en sus ojos, "Porque el roble retorcido... Llama a quienes conocen su historia. No es solo un cuento falso, Maria Grace. El roble sigue muy vivo, esperando en silencio a que la próxima víctima, la próxima alma desconsolada se acerque demasiado.

Por un momento, ninguno de los dos habló, el único sonido fue el suave susurro del viento fuera de la ventana, tejiendo a través de las ramas retorcidas del viejo roble, llevando consigo los débiles ecos del pasado, de un amor perdido y una maldición que aún no se había descubierto. Entonces, Melissa, rompiendo el silencio sepulcral de la habitación, citó un poema...

Un roble retorcido

Bajo la mirada fría y plateada de la luna,

Un roble retorcido se yergue, con las raíces al descubierto,

Sus ramas se extienden como dedos desgarrados,

Del profundo vientre de la tierra nacen oscuros secretos,

Su corteza es negra, como pecados confesados,

El aliento de un cementerio sobre su cresta,

Una vez orgulloso, una vez alto, ahora encorvado y lleno de cicatrices,

Testigo de dos corazones, desfigurados por el amor,

Se encontraron bajo su velo sombrío,

Una historia de amor, ahora afilada como un clavo,

Sus ojos como la noche, sus cabellos como llamas,

Pero la mano cruel del destino jugaría su juego,

Debajo de este árbol, donde sangran los susurros,

Juraron su amor, y los corazones escucharían,

Pero se derramó sangre y se rompieron los votos,

Su amor se convirtió en fantasma, llorado para siempre,

Ahora madera retorcida y gritos huecos,

Mézclate con los cielos de medianoche,

Un árbol de tristeza, oscuro y sombrío,

Donde las almas de los amantes se retuercen miembro a miembro,

Así que si pasas, asegúrate de huir,

De la sombra del roble,

Porque todavía tiene hambre, todavía espera,

Para atar a otro a su destino.

Cuando Melissa dijo la última palabra de este poema, hizo que se fuera, mientras yo me quedaba asombrado por la historia que acababa de soportar.

A la sombra de este recuerdo, encontré consuelo y desesperación, entrelazados para siempre en el tejido de mi pasado. El burdel, Melissa, y el viejo roble retorcido, que alguna vez fue un refugio de risas y lágrimas, ahora se erige como un testimonio de las complejidades del amor, la pérdida y las decisiones que finalmente me llevaron por el camino de la oscuridad.

Me viene a la mente una historia que Melissa compartió conmigo una noche, aunque es una historia larga, pero tiene un significado significativo. A veces, Melissa me contaba historias de lugares en los que nunca había estado o visto, lugares lejanos, lejos de Nueva Orleans...

Corría el año 1534 y la tierra estaba plagada de rumores de alianzas políticas y dinastías familiares, donde cada elección llevaba el peso de generaciones. En medio de este caos, en las colinas de la Toscana, dos almas jóvenes se encontraron. Luciana, hija de una familia noble, y Alessandro, hijo de un rico comerciante, se cruzaron en las circunstancias más fortuitas. Luciana era de sangre noble, su padre el poderoso conde Ludovico, cuya riqueza e influencia se extendían mucho más allá de las fronteras de su estado. Alessandro, aunque próspero por derecho propio, no pertenecía a un linaje noble, por lo que su amor estaba, desde el principio, destinado a estar plagado de peligros. Su primer encuentro fue a orillas del río Arno, donde Luciana solía caminar para escapar de las asfixiantes expectativas de su padre. La luz dorada del sol poniente se reflejaba en el río, y fue allí donde sus ojos se encontraron, Alessandro, robusto pero refinado, con profundos ojos marrones llenos de intensidad e inteligencia, y Luciana, con su cabello del color de las castañas y una sonrisa que podía suavizar el más duro de los corazones. No pasó mucho tiempo antes de que se sintieran atraídos el uno por el otro, incapaces de resistir la atracción de un amor que se sentía inevitable y prohibido a la vez. Para Durante meses, se encontraron en secreto, robando momentos bajo la sombra del bosque, susurrando promesas de amor eterno. La risa de Luciana llenó el corazón de Alessandro, y en ella encontró un alma gemela que comprendía sus sueños y ambiciones internas, que lo veía como algo más que el hijo de un comerciante. Y para Luciana, Alessandro representaba la libertad, la libertad de las expectativas de la vida de una mujer noble, la libertad de amar sin condiciones ni restricciones. Sin embargo, su amor siempre estuvo ensombrecido por el conocimiento de lo que se avecinaba. Luciana había sido prometida a otro hombre, lord Pietro, un matrimonio arreglado para obtener un mero beneficio político. Lord Pietro era un hombre de gran riqueza y mucha influencia, pero era frío, calculador y mucho mayor que Luciana. Era una unión que aseguraría el estatus de su familia, y su padre, el conde Ludovico, estaba decidido a llevarlo a cabo. El amor de Luciana por Alessandro, aunque feroz, estaba en constante guerra con la obligación que sentía hacia su familia. Una noche fatídica, mientras Luciana y Alessandro yacían bajo las estrellas en un prado lejos de miradas indiscretas, ella habló de la inminente fatalidad que era su boda con lord Pietro: —Mi corazón es tuyo, Alessandro —susurró con voz temblorosa—, pero mi padre... Él nunca lo permitirá. No ve nada más que títulos y tierras. ¿Qué vamos a hacer?

La mandíbula de Alessandro se apretó, sus manos agarraron las de ella con más fuerza, "Huiremos, Luciana. Iremos lejos de aquí, a un lugar donde el nombre de tu padre no significa nada. Yo proveeré para nosotros; Seremos libres, felices juntos".

Pero los ojos de Luciana se llenaron de cálidas lágrimas: "No hay forma de escapar de mi padre. Definitivamente, él nos perseguiría, y su ira sería rápida, ¿y qué hay de mi familia? No puedo llevarles la ruina".

Un doloroso silencio cayó entre ellos, ambos sabiendo que su amor estaba atado por cadenas invisibles que no podían romper. Sin embargo, a pesar de que la desesperación se apoderó de sus corazones, su determinación solo se hizo más fuerte. Ellos, con determinación, encontrarían un camino, o morirían en el intento. El conde Ludovico era un hombre que se enorgullecía de su voluntad de hierro. Era una figura imponente, con rasgos afilados y una mirada que podía atravesar el alma de cualquier hombre. Para él, Luciana no era solo su hija; Ella fue la clave para solidificar el legado de su familia. Su matrimonio con lord Pietro había sido arreglado desde que era una niña, y a medida que se acercaba el día de la boda, el conde Ludovico se impacientaba más con su resistencia. Había empezado a notar un cambio en ella, en su hija, en una distancia, en una rebelión silenciosa, aunque Luciana era cautelosa, los criados susurraban sus misteriosas ausencias y su actitud reservada. No pasó mucho tiempo antes de que los rumores llegaran a oídos del conde Ludovico: su hija estaba enamorada de un hombre de baja posición. La sola idea lo enfureció. El desafío de Luciana no fue simplemente un desaire hacia él, sino una afrenta al honor de su noble nombre. El conde Ludovico llamó a Luciana a sus aposentos una noche. Entró con la cabeza en alto, aunque el corazón le latía con fuerza en el pecho. Las paredes de su estudio estaban adornadas con tapices de la larga historia de nobleza de su familia, y el aire estaba cargado con el olor a leña quemada de la chimenea. —Hija mía —empezó a decir el conde Ludovico con voz tranquila pero teñida de amenaza—. "He oído rumores preocupantes. Rumores de que te estás asociando con un hombre indigno de ti, un plebeyo.

Luciana se mantuvo firme, aunque le temblaban las manos a los costados, "Padre, yo..."

—No hablarás —interrumpió el conde Ludovico, alzando la voz—, has traído mucha vergüenza a esta familia con tu insensatez. ¿Entiendes lo que está en juego? Su matrimonio con Lord Pietro no es una elección. Es un deber. Cumplirás con ese deber, o te juro que te arrepentirás del día en que naciste.

Las lágrimas rebosaban de los frágiles ojos de Luciana, pero se negaba a dejarlas caer por sus mejillas frente a su padre, "Padre, por favor, amo a Alessandro. Es amable, es honorable..."

"¡Basta!" El conde Ludovico golpeó la mesa con el puño, haciendo que la botella de tinta se derramara, "¿Amor? ¿Hablas de amor? El amor es un lujo para aquellos que no tienen sobre sus hombros el peso de generaciones enteras. Te casarás con lord Pietro, y no volverás a ver a ese Alessandro.

La voz de Luciana era apenas un susurro cuando respondió: "No puedo hacer eso".

—Lo harás —dijo el conde Ludovico con frialdad—, o yo me encargaré de que se resuelva este Alessandro. Permanentemente".

La amenaza flotaba en el aire como una nube oscura, y Luciana sintió que el suelo se deslizaba bajo sus pies. Siempre había temido la ira de su padre, pero esto... Era algo mucho peor de lo que había imaginado. Si no cumplía, la vida de Alessandro se perdería. Esa noche, le escribió una carta a Alessandro, con la mano temblando mientras escribía las palabras. Le habló de la amenaza de su padre, de la elección imposible a la que ahora se enfrentaba. Su corazón se rompía con cada línea, pero sabía que tenía que tratar de protegerlo, incluso si eso significaba sacrificar su propia felicidad.

Alessandro recibió la carta de Luciana bajo el manto de la noche, con el corazón latiendo con fuerza al leer sus palabras. No podía simplemente aceptar esto; no dejaría que el conde Ludovico le arrebatara a Luciana. La desesperación lo invadió y resolvió actuar. Correrían, tal como él le había prometido antes, huirían antes de la boda, antes de que el férreo agarre del conde Ludovico pudiera cerrarse alrededor de ambos. Alessandro cabalgó hasta la finca del conde al amparo de la oscuridad, sabiendo que sería su última oportunidad de escapar. Secretamente envió un mensaje a Luciana a través de un sirviente de confianza, y acordaron reunirse en la vieja capilla en el borde de las tierras de su padre, un lugar abandonado y olvidado hace mucho tiempo. Mientras Luciana se dirigía a la capilla aislada, su corazón se aceleró. Había empacado solo lo que podía llevar, el medallón de su madre, algunas monedas de oro y una daga que guardaba escondida debajo de su capa. La capilla estaba fría y húmeda, el aire cargado con el olor de la decadencia. Alessandro ya estaba allí, esperándola, con el rostro pálido pero decidido. —Tenemos que irnos ahora —insistió él, tomándola de las manos—, tengo caballos esperando. Podemos estar en Siena por la mañana, y desde allí, podemos navegar hacia la costa".

Luciana vaciló, sus frágiles ojos llenos de amor y miedo, "Alessandro, si hacemos esto, no hay vuelta atrás. Mi padre vendrá a por nosotros, una vez que sepa que he desaparecido. Él nunca nos perdonará; Él nunca me lo perdonará".

—No me importa, Luciana —dijo Alessandro con fiereza—, preferiría morir antes que vivir sin ti.

Se abrazaron íntimamente, sus corazones latían al unísono, y por un momento, pareció que iban a tener éxito, pero mientras se preparaban para salir de la capilla, el sonido de muchos caballos y gritos llenó el aire. El corazón de Luciana se congeló en su pecho al reconocer la voz de los hombres de su padre. Habían sido encontrados. Las puertas de la capilla abandonada se abrieron de golpe y el conde Ludovico entró flanqueado por sus guardias. Su rostro era una máscara de furia, sus ojos ardían de odio cuando se posaron sobre Alessandro. "¿Te atreves a desafiarme?" El conde Ludovico rugió, su mano alcanzando la espada a su lado, "¿Crees que puedes robar a mi hija y escapar sin consecuencias?"

Luciana se interpuso entre su padre y Alessandro, con los brazos extendidos, "Padre, por favor, se lo ruego. Vámonos. ¡Lo amo!"

—¿Lo amas? El conde Ludovico escupió: "¡Entonces serás avergonzado después de su muerte!"

Antes de que Luciana pudiera reaccionar, el conde Ludovico sacó su espada y avanzó hacia Alessandro. Los guardias agarraron a Luciana, tirándola hacia atrás mientras ella gritaba que se detuvieran. Alessandro, desarmado pero decidido, se mantuvo firme, sabiendo que este era el momento al que siempre le había llevado su destino. En un abrir y cerrar de ojos, la espada del conde atravesó el pecho de Alessandro. Un jadeo escapó de sus labios mientras se tambaleaba, la sangre brotaba de la herida. Cayó de rodillas, con los ojos clavados en los de Luciana mientras la vida se le escapaba. —¡No! El grito de Luciana resonó en la capilla, su corazón se rompió en un millón de pedazos al ver morir ante ella al hombre que amaba. Se liberó de los guardias y corrió a su lado, acunando su cabeza en su regazo mientras las lágrimas acaloradas corrían por su rostro. —Alessandro —susurró Luciana, con la voz llena de mucho dolor—, por favor, quédate conmigo, por favor.

Pero ya era demasiado tarde, los ojos de Alessandro se cerraron y, con su último aliento, susurró su nombre. El mundo de Luciana se derrumbó a su alrededor. En ese momento, nada más importaba, las ambiciones de su padre, el matrimonio arreglado, el futuro que una vez se había extendido ante ella. Lo único que quedaba era el peso insoportable de su pérdida, la pérdida de su único amor verdadero. Mientras sostenía el cuerpo sin vida de Alessandro, Luciana se hizo un voto a sí misma. No se casaría con Lord Pietro. No viviría una vida sin amor. Esa noche, en la oscuridad de la capilla, tomó la daga que había escondido debajo de su capa y la hundió directamente en su propio corazón, uniéndose a Alessandro en la muerte, sus almas unidas por la eternidad.

La noticia de la trágica muerte de Luciana y Alessandro se extendió rápidamente por la Toscana. El conde Ludovico, devastado por la pérdida de su único hijo, y aún más por la pérdida de su acuerdo político, se retiró de la vida pública, avergonzado, su antaño gran ambición destrozada por sus propias acciones crueles. La finca del conde, que en su día fue un símbolo de poder y prestigio, cayó en ruinas, una sombra de su antigua gloria. Lord Pietro dejó el país sin novia, se casó con otra mujer noble, pero la unión le trajo poca felicidad, apenas riqueza o estatus maduro. Él también estaba entristecido, atormentado, por la trágica historia de Luciana y Alessandro, una historia que sería contada por muchas generaciones venideras. Con el tiempo, la capilla donde habían muerto se convirtió en un lugar de peregrinación para muchos amantes que buscaban honrar su memoria. El cuento se convirtió en una leyenda, y la leyenda de Luciana y Alessandro, la noble y el hijo del comerciante que desafiaron al mundo por su amor, perduró, un recordatorio de que incluso frente a probabilidades imposibles, el amor no podía ser silenciado. Su trágica historia se convirtió en un símbolo del poder perdurable del amor, incluso frente a la tragedia. Y así, la historia del amante, aunque marcada por una gran tristeza, fue también una historia de triunfo. Porque en la muerte habían encontrado la libertad que la vida les había negado. Su amor, inquebrantable y eterno, nunca sería olvidado".

Las palabras de Melissa aún perduran en mi mente, la noche en que me contó esta historia. Casi puedo oír el sonido de su suave voz, tan claramente, mientras me lo relataba. Sus tragedias románticas siempre me dejaban sintiéndome abrumado, sin encontrar palabras para decir...

Capítulo 2

El suave resplandor del amanecer se filtra a través de las cortinas de encaje de mi habitación de hotel, mi hogar, proyectando delicados patrones en el suelo. Mientras me siento en el borde de mi cama, no puedo evitar sentirme atraído, al reflexionar sobre los recuerdos de Patrick, la forma en que entró en mi vida como un soplo de aire fresco, despertando sentimientos dentro de mí, que durante mucho tiempo había creído enterrados. Patrick era todo lo que había soñado durante mi tumultuosa infancia, un faro radiante en medio de las sombras de mi existencia. Era erguido, con el pelo rubio arenoso que atrapaba la noche y unos ojos verdes que brillaban con una energía que parecía casi viva. Había una calidez en él que me acercaba, una mezcla embriagadora de confianza y bondad que encendió algo más profundo dentro de mí. Nos conocimos una noche fatídica en el salón de la casa del burdel, yo estaba sentado en un rincón, leyendo en silencio un pergamino que contenía las historias de fantasías ficticias, tratando de escapar del mundo que me rodeaba. Patrick entró con una gracia fácil, un recién llegado entre los rostros conocidos, o al menos, un rostro nuevo para mí. Su risa resonó, genuina y brillante, y recuerdo que levanté la vista para encontrarlo sonriendo, un momento en el que sentí que el tiempo mismo se había detenido.

A partir de ese día, fuimos inseparables. Cada momento robado se sentía como una eternidad, envuelto en el dichoso capullo de nuestras risas compartidas y secretos susurrados. Patrick a menudo encontraba formas de colarse en mis pensamientos cuando vivía solo, pero siempre encontraba la manera de sorprenderme por la noche, colándose en mi habitación aislada. Me contaba historias de sus aventuras, sueños de viajar por el mundo conmigo a su lado y cómo creía en un futuro prometedor lleno de posibilidades asombrosas. En su presencia, me sentí más vivo que nunca, como si el sol finalmente hubiera atravesado la densa niebla de mi pasado. Estaba realmente enamorada de Patrick.

En la penumbra del burdel, Patrick y yo nos escabullíamos a la pequeña terraza de la azotea, donde las estrellas se extendían sin cesar sobre nosotros. Sostenía mi frágil mano, su simple tacto era cálido y enraizado, y hablaba de todo, desde lo mundano hasta lo mágico. Me perdía en el sonido de su voz tranquilizadora. —Un día —prometió, con voz un suave murmullo—, escaparemos de este lugar. Juntos encontraremos un mundo mejor, María Grace. Solo tienes que esperar y ver".

Honestamente creí en sus palabras, aferrándome a ese sueño como un salvavidas. Cada momento que pasaba con él era un refugio seguro de las complejidades de mi vida con Melissa, pero debajo de la alegría, sentía una tensión cada vez mayor, una que tenía un nombre, Melissa. Aunque fingía apoyar mi felicidad con Patrick, podía ver la tormenta que se avecinaba detrás de sus ojos esmeralda cada vez que Patrick entraba en la habitación en busca de mi afecto. Había una posesividad en su mirada, un destello de algo más oscuro que me provocó escalofríos. No podía entenderlo entonces; todo lo que sabía era que cada vez que Patrick me sonreía con un brillo en los ojos, una sombra parecía cruzar el rostro de Melissa, estrechando el espacio a nuestro alrededor. – ¿Por qué le desagrada tanto Patrick? Me preguntaba en silencio a mí mismo, cada pregunta caía en oídos sordos mientras intentaba navegar por el tumulto de mis emociones que se arremolinaban dentro de mí.

Melissa, a menudo, intentaba cambiar de tema cada vez que surgía el nombre de Patrick, dirigiendo nuestra conversación hacia historias de oscuridad o las lecciones que creía que yo necesitaba aprender. – Solo está intentando protegerte, Maria Grace. Me decía a mí mismo, ignorando la duda que me corroía el corazón, como un pesado presentimiento. Pero su desdén se sentía palpable, pesado en el aire como una tormenta a punto de estallar. Había noches en las que escuchaba a Melissa y Patrick discutir en voz baja y tenue. La voz de Melissa aguda con amenazas veladas y la voz de Patrick responde tranquila pero firme luchando contra su veneno. Discutían sobre mí, cada discusión desgarraba mi frágil corazón, dejándome dividido entre la mujer que me había salvado la vida, me había criado como si fuera su propio hijo, y el hombre que me había mostrado amor, que me había robado el corazón. Nuestros momentos tiernos, de Melissa contándome historias románticas y trágicas, parecieron detenerse, o al menos hasta después de la desaparición de Patrick, pero recuerdo una historia que me contó antes de que todo sucediera con Patrick...

En el corazón de la Inglaterra medieval, corría el año 1462, el aire de la aldea de Keswick estaba impregnado del aroma de la tierra húmeda y del humo de las chimeneas de las casas con techo de paja. La vida se movía al ritmo de las estaciones, y la gente común se afanaba bajo el dominio de la nobleza local, sus días dictados por el deber, sus noches llenas de oraciones por mejores fortunas. En medio de este humilde entorno, nació un trágico romance, lleno de amor, celos y, en última instancia, traición. Mónica, hija de un sastre viudo, se había convertido en una mujer de rara belleza, con el pelo del color de las alas de cuervo y los ojos como mares oscurecidos. Su belleza era rumoreada en el pueblo, y muchos hombres buscaban su mano, pero fue Enrique, un joven y ambicioso noble, quien la reclamó. Henry era un hombre de intensas pasiones, con penetrantes ojos azules que parecían ver a través del alma misma de quienes lo rodeaban. Su familia había acumulado riqueza e influencia a través de astutas alianzas, y él tenía la vista puesta en ascender aún más a través del matrimonio estratégico. Para Mónica, el amor no fue lo que la llevó a la puerta de Henry. Era una necesidad. Su familia había pasado por tiempos difíciles desde la muerte de su padre, y su madre se había debilitado con la enfermedad. Casarse con un noble como Enrique le proporcionaría seguridad, protección y el tipo de vida que su familia necesitaba desesperadamente. Las atenciones de Henry fueron halagadoras al principio. La colmó de elegantes regalos, sedas de Oriente, brazaletes de oro, broches adornados. Su voz era melosa, como si hablara de una vida juntos, pero sus intenciones, como pronto descubrió Mónica, no eran las de un hombre que busca pareja; Buscaba la propiedad, porque Henry creía que Mónica estaba por debajo de él, una clase inferior, merecedora de lo que él eligiera para que fuera adecuado para ella. A partir del momento en que le propuso matrimonio, Mónica ya no fue tratada como una mujer a la que había que querer, sino como un premio ganado, un premio que había que proteger. El anillo de compromiso que colocó en su frágil dedo era tanto un grillete como un símbolo de unión. —Ahora eres mía, Mónica, querida —le había dicho Henry la noche en que la reclamó como su prometida, con voz baja y posesiva—, ningún otro hombre te tocará, te hablará o incluso te mirará sin mi permiso.

Al principio, Mónica se convenció a sí misma de que esta posesividad nacía de un amor profundo. La pasión de Henry, después de todo, era embriagadora. Le hablaba con tanta devoción, y cuando la tenía en sus brazos, sentía como si fuera a aplastarla con la intensidad de su abrazo. Pensó que podría llegar a amarlo, que tal vez así era como se suponía que debía sentirse el amor, abrumador, consumidor. Pero a medida que los días se convertían en semanas, el afecto de Henry se volvía más oscuro. Cada vez sospechaba más de cualquiera que mirara en su dirección. Sus celos supuraban como una herida que no cicatrizaba, y pronto no fueron solo los extraños los que se ganaron su ira, sino los más cercanos a ella. Los celos de Henry se convirtieron en una sombra oscura constante sobre su relación. Siguió cada uno de los movimientos de Mónica con ojo vigilante, preguntándola sin cesar dónde había estado, con quién había hablado y qué se había dicho. Los chismes del pueblo no hicieron nada para ayudar a las cosas. A Mónica ni siquiera le permitían visitar a su familia, a sus hermanos. Muchos susurraban que una mujer tan bella como Mónica no podía ser leal a un solo hombre, que seguramente, otros pretendientes seguían compitiendo por su atención, su afecto, en secreto. Hubo un hombre, en particular, que captó las sospechas de Henry, James, un amigo de la infancia de Mónica. James siempre había sido amable con Mónica, sus modales gentiles, sus sonrisas cálidas. Aunque habían crecido juntos, y él nunca le había mostrado ninguna intención de cortejarla, las inseguridades de Henry retorcieron su amistad hasta convertirla en algo mucho más siniestro dentro de su mente. Una tarde, mientras Mónica estaba en el pueblo, James se acercó a ella en la plaza del mercado. Sus ojos tenían la misma suavidad de siempre, y sonrió mientras la saludaba. —Monica —dijo James, con voz llena de afecto—, ha pasado demasiado tiempo desde la última vez que hablamos. ¿Cómo has estado?

Monica le devolvió la sonrisa, aunque podía sentir el peso de las acusaciones imaginarias de Henry que ya se acumulaban en su pecho: —Estoy bien, James. La vida se ha convertido... complicado, pero lo estoy gestionando".

James frunció el ceño, la preocupación grabada en su rostro, "¿Está todo bien? ¿No pareces feliz?

Antes de que Mónica pudiera responder, sintió que una mano le agarraba el brazo con fuerza. Se giró y encontró a Henry de pie detrás de ella, con una expresión sombría y amenazadora. —¿Es esto lo que haces cuando no estoy contigo, querida? Henry siseó, apretando su agarre, "Retozas con otros hombres, sonriendo y riendo como si fueras libre de hacer lo que quieras, ¿así que por favor?"

El corazón de Monica se aceleró de miedo y trató de alejarse, pero el agarre de Henry era implacable, "Henry, por favor", suplicó, "James es solo un amigo. No hay nada..."

—¿Un amigo? Los ojos de Henry brillaron de furia. "¡No me dejaré engañar! Eres mía, y no toleraré esto... esta traición".

James dio un paso adelante, su expresión firme, "Mi señor Henry, está equivocado. No quiero hacer daño. Mónica y yo no somos más que amigas, la conozco desde que éramos niñas.

Pero Henry estaba más allá de la razón. Sus celos se habían convertido en algo mucho más peligroso, una locura posesiva. Liberó a Monica solo para agarrar a James por el cuello, empujándolo hacia atrás con una fuerza que lo hizo tropezar. —Aléjate de ella —gruñó Henry, con la voz llena de veneno—, si alguna vez te vuelvo a ver cerca de ella, no seré tan comprensivo.

Monica observó con horror cómo James se alejaba tambaleándose, con los ojos llenos de confusión, tristeza más que ira. Quería gritar, defender a su amiga de toda la vida, pero el miedo le había robado la voz. Después del enfrentamiento, las cosas no hicieron más que empeorar. La posesividad de Henry se transformó en un control total. Le prohibió a Mónica salir de su finca sin su permiso, incluso las alegrías más simples, como pasear por el pueblo o visitar a su frágil madre, le fueron arrebatadas. El amor apasionado de Henry ahora se había convertido en una jaula, y Monica se encontró atrapada dentro de ella. Su belleza parecía convertirse para ella en una maldición, en lugar de una alegría. Cuando estuvieron solos, el temperamento de Henry se encendió rápidamente. Él la regañaba por desaires imaginarios, la acusaba de infidelidad y le exigía que demostrara su lealtad una y otra vez. Los dones que una vez le había prodigado ahora se sentían como cadenas, recordatorios del cruel control que ejercía sobre su vida aislada. El mundo de Mónica se había vuelto asfixiante y, sin embargo, se sentía impotente para escapar de él. Había sido educada para creer que el deber de una mujer era obedecer siempre a su marido, y aunque aún no estaban casados, Henry ya había asumido el papel de amo sobre ella, y sin embargo, en medio de la oscuridad, había un pequeño rayo de esperanza, el amor que había crecido silenciosamente, secretamente, dentro de ella, sin que ella siquiera se diera cuenta. era para James, el único hombre que era tan amable con ella. A pesar de las amenazas de Henry, James no había desaparecido de la vida de Mónica. Con cautela, le dejaba pequeñas notas en secreto, expresando su preocupación por su bienestar, su arrepentimiento por no poder protegerla. Las pequeñas cartas se convirtieron en un salvavidas, una esperanza para Mónica, un recordatorio de que todavía había alguien en el mundo que se preocupaba por ella como persona, como mujer de valor, no como una posesión. Su correspondencia era breve y discreta, pero con cada nota que pasaba, los sentimientos de Mónica por James se profundizaban. Empezó a ver en él lo que nunca había visto en Henry, amabilidad, comprensión y un afecto genuino que no pedía nada a cambio. Pero Mónica sabía que cualquier afecto entre ellos nunca podría ser llevado a cabo. Hacerlo sería provocar la ira de Enrique, y las consecuencias podrían ser nefastas, fatales. Aun así, la tentación persistía en su interior, y la idea de lo que podría haber sido perseguía sus pensamientos, sus sueños. A medida que el invierno se asentaba sobre Keswick, un frío amargo se deslizó en el alma de Mónica. Ya no podía negar los sentimientos que sentía por James, que parecían desarrollarse en un sentido más fuerte a medida que pasaba el tiempo, aunque no se atrevía a decirlos en voz alta. Pero Henry, siempre atento, comenzó a sentir que algo andaba mal. Sus celos, que ya eran una fuerza venenosa, comenzaron a consumirlo por completo. Observó cada movimiento de Mónica, escudriñó cada una de sus palabras en busca de signos de traición. No pasó mucho tiempo antes de que Henry descubriera las cartas secretas. Una noche, mientras Mónica estaba fuera atendiendo a su madre enferma, la vez que Henry le permitió estar fuera de su vista, registró sus aposentos, sus manos temblaban con tanta sospecha. Escondidos debajo de una tabla suelta del suelo, los encontró, pequeñas notas cuidadosamente dobladas con una cinta de satén rosa atada a su alrededor, cada una con la firma de James. Cuando Mónica regresó más tarde, esa noche, Henry la estaba esperando, las cartas se extendían ante él como pruebas incriminatorias en un tribunal de justicia. Su rostro estaba pálido de rabia, sus ojos fríos e implacables.

—¿Cómo pudiste, Mónica? Henry escupió, con la voz temblorosa de furia. "¿Cómo pudiste traicionarme así?"

Mónica se congeló, su corazón latía con fuerza en su pecho, "Henry, por favor, no es lo que piensas ..."

—¿No es lo que pienso? —gruñó, poniéndose en pie—. ¡Has estado escabulléndote a mis espaldas, intercambiando cartas de amor con otro hombre! ¿Crees que soy una tonta, Mónica? ¿Crees que no veo lo que está pasando?"

Lágrimas cálidas y tristes brotaron de los ojos de Mónica. Había sabido que este día llegaría eventualmente, lo había temido con cada fibra de su ser, pero ahora que estaba aquí, no podía encontrar palabras para defenderse.

—No he hecho nada malo —susurró, aunque incluso ella podía oír la mentira en su voz—.

—¿No pasa nada? Henry avanzó hacia ella, con expresión asesina: "Me has traicionado, Mónica. Tú me perteneces, y has entregado tu corazón a otro". Él la agarró por la muñeca, su agarre doloroso, "Nunca lo volverás a ver, ni le hablarás de ninguna manera", siseó Henry, "¿Me escuchas? Siempre serás mía y solo mía, o por Dios, me encargaré de que ninguno de los dos viva para arrepentirse".

Mónica retrocedió asustada, con la mente acelerada. Tenía que hacer algo, cualquier cosa, para proteger a James, pero al mirar a los ojos de Henry, se dio cuenta de que estaba más allá de cualquier razón. Solo había una manera de que esto terminara. Los días que siguieron fueron un borrón de tensión y miedo oculto. Henry había confinado a Monica en su propiedad, pero con reglas mucho más estrictas, vigilando cada uno de sus movimientos, sin permitirle nunca un momento de privacidad, pero a pesar de sus esfuerzos, Monica logró enviar un último mensaje a James, advirtiéndole del descubrimiento de Henry y rogándole que abandonara Keswick antes de que fuera demasiado tarde. James, sin embargo, no podía abandonarla, su amor por Mónica era demasiado grande, y resolvió rescatarla de las crueles garras de Henry, sin importar el costo. Una noche fría y sin luna, James se arrastró hasta la finca al amparo de la oscuridad, decidido a alejar a Mónica. Pero Enrique, siempre vigilante, se había anticipado a esto. Estaba esperando a James en el patio, espada en mano, con el rostro retorcido por mucho odio. "Entonces, el cobarde finalmente se muestra", se burló Henry mientras James se acercaba. "¿Crees que puedes quitármela? ¿Crees que puedes robar lo que es mío?

—Mónica aún no es suya, señor. —respondió James, con voz firme a pesar del miedo que lo recorría—. "Ella es su propia persona, su propio latido, y no te ama. No se casará contigo, lord Henry.

Los ojos de Henry brillaron con furia, "¡Ella me pertenece!" rugió, arremetiendo contra James con su espada.

Los dos hombres se enfrentaron en una violenta lucha, el sonido del acero resonaba en el aire frío de la noche. Mónica, al oír la conmoción, salió corriendo de la mansión justo a tiempo para ver el golpe fatal. Enrique, cegándolo con su rabia, había clavado su espada en el pecho de James. —¡No! —gritó Mónica, corriendo hacia James mientras caía al suelo humedecido, con la sangre brotando de su herida mortal. Lo acunó en sus frágiles brazos, sus lágrimas dolorosas cayeron sobre su rostro pálido. —Monica —susurró James, con la voz débil y desvanecida—, lo siento mucho... No pude salvarte".

El corazón de Mónica se rompió mientras lo abrazaba, sus sollozos resonaron por todo el patio. La respiración de James se volvió superficial y, con una última mirada a la mujer que amaba, se fue. Henry estaba de pie junto a ellos, con el pecho agitado y la espada aún en la mano, pero mientras miraba el cuerpo sin vida de James, algo dentro de él se rompió. Al darse cuenta de lo que había hecho, a lo que sus celos lo habían llevado, lo inundó como una ola fría. Mónica se puso en pie, sus ojos se llenaron de un odio tan feroz que hizo que Henry se estremeciera. —Eres un monstruo —escupió ella, con la voz enfurecida por el dolor—, me has quitado todo.

Henry se acercó a ella, pero ella retrocedió, con una expresión de puro desprecio. "Nunca me tendrás, nunca me volverás a tocar", dijo, su voz, firme y firme a pesar de las lágrimas que corrían por su rostro. "Preferiría morir antes que ser tuyo". Y con eso, Mónica se dio la vuelta y huyó en la noche, dejando a Henry solo en el patio, con el corazón tan frío y vacío como el viento invernal que aullaba entre los árboles.

Monica desapareció de Keswick esa misma noche, y aunque Henry la buscó, nunca la encontró. Algunos decían que había ido a un convento, buscando refugio del mundo que la había traicionado, mientras que otros susurraban que se había quitado la vida, incapaz de soportar el peso de su dolor. Enrique quedó con las consecuencias de sus actos, su riqueza y poder como consuelos vacíos frente al amor que había destruido. El pueblo hablaba de él en voz baja, un hombre consumido por los celos y la locura, un hombre que había reclamado el amor como propiedad y lo había perdido todo en el proceso. Al final, el amor de Mónica y James, aunque breve y trágico, fue lo único que permaneció puro, un amor que no podía ser controlado ni poseído, un amor que fue robado por los celos pero que nunca se extinguió del todo. Y con el paso de los años, su historia se convirtió en un cuento con moraleja, un recordatorio de los peligros de la posesión disfrazada de pasión y la destrucción que los celos pueden traer incluso al hombre más poderoso.

Esta trágica y triste historia permaneció durante muchos días en mis pensamientos ocultos, mientras reflexionaba sobre por qué Melissa me contaría una historia como esta...

A medida que las semanas se convirtieron en meses, los momentos alegres con Patrick comenzaron a sentirse eclipsados por la oscura influencia de Melissa. Me dolía el corazón al saber que nuestro amor no estaba destinado a florecer libremente. Era una cosa frágil, cautiva en las sombras, mientras la mirada vigilante de Melissa se cernía sobre nosotros como un espectro. Melissa frecuentemente hacía comentarios hacia mí, comentarios de lo malo que era Patrick para mí, y debería terminar esta relación tonta. Melissa me decía cosas, de pasada, de cómo yo le pertenecía a ella, y solo a ella.

Una noche, mientras estábamos sentados bajo las estrellas, Patrick tomó mi mano entre las suyas, apretándola firme y tranquilizadoramente, "Maria Grace", comenzó, sus ojos verdes buscando los míos, "puedo sentir la tensión de Melissa, ella no me quiere cerca, ¿verdad?"

Tragué saliva con dificultad, se me hizo un nudo en la garganta, "Yo... simplemente se preocupa demasiado por mí, eso es todo, Patrick. Ella... ella quiere protegerme, creo. Después de todo, ella es como una madre para mí, me crió bajo su ala. Obviamente es difícil para ella dejarme ir".

—¿Protegerte de qué, María Grace? ¿De la felicidad? La voz de Patrick se llenó de frustración que se hizo eco de mi propia confusión interior. "Mereces ser feliz, ser libre, elegir tu propio camino. No puedo soportarlo, ni siquiera entender la idea de que Melissa sea la razón por la que te sientes atrapada".

Las lágrimas brotaron de las comisuras de mis ojos. Quería creer que el amor podía conquistarlo todo, que nuestro vínculo era lo suficientemente fuerte como para resistir la oscuridad de Melissa, que parecía retratar últimamente. Pero mientras Patrick me decía estas palabras, sentí que una sensación de inevitabilidad se apoderaba de mí, como sombras que se extienden sobre la luz. Pasaron los días y el ambiente entre los tres se volvió cada vez más tenso. Al parecer, Patrick comenzó a alejarse, sintiendo la creciente tensión que ya no podía ignorar. El agarre de Melissa sobre mí pareció apretarse, su mera presencia era sofocante. Estaba atrapada entre dos mundos, uno lleno de amor y promesa, y el otro envuelto en sombras oscuras y secretos. Patrick me suplicaba constantemente que me casara con él y dejara esta casa de burdel para siempre. Hizo súplicas de cómo desapareceríamos y viviríamos lejos de las garras de Melissa, pero había algo que me retenía aquí con Melissa, como si no pudiera dejarla atrás.

Entonces llegó esa noche horrible, que destrozó todo lo que había dentro de mí... Había regresado a la casa del burdel después de un largo día que pasé con Patrick en el bosque bajo el viejo roble, habíamos disfrutado de un día de muchas risas y conversaciones sobre nuestro futuro, mientras hacíamos un picnic. Mi corazón se hinchó de calidez y sueños de una vida que íbamos a construir juntos, pero cuando entré, el aire se sintió cargado de presentimientos. Encontré a Melissa en el salón, con los ojos encendidos por una rabia que nunca antes había visto. Caminaba de un lado a otro, sus movimientos eran rápidos e inquietos, y mi corazón se hundió al reconocer la tormenta que se estaba gestando dentro de ella. —Tienes que mantenerte alejada de él, Maria Grace —siseó Melissa, con el veneno en su voz hirviendo—. "Es una distracción, una debilidad que solo te traerá dolor. El amor no puede sostener tus deseos internos, solo te dejará amargado y destruido, créeme, lo sé por experiencia. ¡Debes dejar ir a este hombre!"

—Melissa, por favor —supliqué, con la desesperación arañando mi garganta—, ¡Él me ama, y yo lo amo a él! Patrick nunca me abandonaría ni me haría daño de ninguna manera. ¿Por qué te parece tan malo? ¿Por qué no me permites tanta felicidad?"

—¿Amor? —se burló ella, con una risa inquietante y amarga—. ¿Crees que su amor podría salvarte, Maria Grace? Solo te llevará a tu ruina. No entiende lo que eres para mí, lo que te he dado todos estos años. ¡Él solo quiere alejarte de mí!"

Sentí el peso de sus palabras cayendo con fuerza sobre mi corazón, cada sílaba como una daga, el miedo se deslizaba hacia mí: "¿Por qué tienes que decir tales cosas? Siempre estaré aquí para ti, incluso si estoy comprometido con Patrick".

Pero antes de que Melissa pudiera responder, Patrick apareció en la puerta, escuchando nuestras palabras, su expresión llena de determinación y frustración, "No voy a ir a ninguna parte, Melissa", declaró, erguido a pesar del peligro que flotaba en el aire. "Me preocupo profundamente por Maria Grace, al igual que tú, y no dejaré que me asustes y me alejes de ella".

En ese momento, todo cambió, la tormenta se desató. Los ojos de Melissa se oscurecieron de ira y la intensa tensión en la habitación se volvió insoportable. La discusión entre Melissa y yo se detuvo, ahora era entre Patrick y ella, con las palabras convertidas en armas, dejándome sintiéndome impotente, atrapada en el fuego cruzado de sus voluntades. En un instante, el aire crepitó con promesas tácitas de destrucción, mientras observaba con horror, a Melissa, alimentada por mucha rabia, se volvió hacia Patrick, su forma era un borrón de furia. Fue una escena que se desarrolló como una pesadilla, una que me perseguiría por toda la eternidad, mientras ella golpeaba su pecho con sus puños enfurecidos. Sus ojos parecían arder con fuego rojo mientras gritaba palabras de desgracia a Patrick. Él se defendió con palabras de fuerza, estrechándola en su abrazo. Me quedé paralizada, con lágrimas corriendo por mis cálidas mejillas, incapaz de intentar siquiera intervenir. A medida que se desarrollaba la lucha, las súplicas de Patrick a Melissa resonaban en mis oídos, súplicas desesperadas por mera comprensión y misericordia, pero cayeron en oídos sordos. Y luego, el silencio. El único sonido débil eran mis gritos silenciosos mientras la habitación se quedaba en silencio, el peso de la desesperación se asentaba sobre nosotros como un pesado sudario. Apenas podía respirar mientras corría al lado de Patrick, mientras se alejaba de la rabia derrotada de Melissa. Me acuné contra su pecho, el calor de su piel calmó mi torbellino de emociones. En ese momento me di cuenta de la profundidad de mi pérdida; mi destino era dejar atrás a Melissa.

"Tú... ¡Tú hiciste esto!" Me ahogué, la rabia y la tristeza se entrelazaron en mi corazón, mientras me volvía hacia Melissa, la furia se encendió dentro de mí como un incendio forestal, "¿Por qué harías esto? ¡Solo quiero felicidad, no esto!"

Mientras Melissa caía de rodillas frente a nosotros, con las manos extendidas en señal de derrota, "Porque él es una amenaza, Maria Grace", susurró débilmente, su voz fría y desprovista de remordimiento, "Él te quitaría de mí, no puedo permitir que esto suceda".

Todavía acunado en los brazos de Patrick, mi mundo se desmoronaba a mi alrededor, mientras reflexionaba sobre las palabras de Melissa en su estado de derrota. Sentí que los frágiles hilos de mi mera existencia se rompían dentro de mí, deshaciéndose como hilos arrancados de un tapiz. Melissa había tratado de destruir la única pieza de felicidad a la que me atrevía a aferrarme, y en sus ojos, vi una oscuridad que nunca podría extinguirse. Mientras estaba aquí, con una tormenta aún rugiendo dentro de mí, supe que mi vida nunca sería la misma. Patrick era mío, y con él, los últimos restos de mi infancia, aquí en la casa del burdel, se esfumaron, mi inocencia infantil se perdió. Me quedé con nada más que los ecos de las palabras de Melissa, un recordatorio inquietante del amor que una vez había ardido entre nosotros tan brillantemente, ahora extinguido en las sombras de lo que parece ser una traición. Estaba decidido, me iría con Patrick por la mañana, para comenzar nuestra vida juntos lejos de la casa del burdel y dc Melissa. Patrick y yo dejamos a Melissa a su suerte, mientras nos ibábamos. Le di las "buenas noches" a Patrick mientras me iba a mi habitación por el resto de la noche.

Mis deseos, mis planes con Patrick, nunca se hicieron realidad, y así, con el corazón destrozado, tuve que navegar por un mundo en el que el amor se había convertido en algo irreconocible, un mundo en el que la oscuridad de Melissa se cernía cada vez más cerca, amenazando con consumirme por completo. Ella era el único consuelo que encontraría en mi vida destrozada. No pasó mucho tiempo después de esa noche terrible, mi amor, mi Patrick nunca regresó, desapareció de mi vida por completo.

Capítulo 3

Mientras me siento en el silencio de mi habitación de hotel, los recuerdos de mi transformación inmortal regresan como una marea, implacables e ineludibles. Fue un momento que alteró irrevocablemente el curso de mi vida, sumergiéndome en un mundo donde las sombras bailaban y los secretos reinaban. El día en que me convertí en vampiro, una criatura de la noche, marcó el comienzo de una eterna lucha por la identidad, el poder y la comprensión.

La noche de mi cambio permanece grabada en mi mente, vívida e inquietante. Después de la trágica muerte de Patrick, me vi envuelto en un torbellino de dolor y mucha confusión. Acababa de quitarle la vida a Melissa, pero la realidad de mis acciones se sentía surrealista. Después de su confesión arrepentida de la desaparición de Patrick, su secreto inmortal de ser un vampiro y el asesinato de mi madre la noche que me acogió, perdí todo el control sobre mi rabia y mis emociones. Después de nuestro enfrentamiento, había probado su sangre, un elixir amargo que despertó algo profundo dentro de mí, un hambre que me arañaba las entrañas... sangre, un hambre de sangre humana. Era a la vez una maldición y un regalo, que me ataba a un legado que nunca había elegido. En los días que siguieron, me encontré vagando por los pasillos de la casa del burdel, ahora mía por un giro del destino, luchando por aceptar mi nueva existencia. Me miré en el espejo vintage que Melissa me había dado, buscando respuestas en el reflejo, ahora veo, que se sentía extraño. La chica que una vez fui, se había desvanecido, reemplazada por una inmortal atormentada por los fantasmas de su pasado, una chica que una vez conocí, ahora se ha ido para siempre, solo queda un vago recuerdo de ella.

Aprender a adaptarme a mi nueva vida fue un viaje arduo. Tuve que enseñarme a mí mismo las formas de supervivencia, como la criatura en la que me había convertido, cómo beber sangre sin sucumbir al impulso primario de simplemente matar, cómo moverme a través de la noche con gracia y sigilo. Melissa había hecho que todo pareciera fácil, ya que mantuvo su secreto oculto para mí durante tanto tiempo. Recuerdo la primera vez que me alimenté, la ráfaga de poder se mezcló con el miedo a perder el control, era una delicada danza entre la vida y la muerte, una línea que tenía que pisar con cuidado. Mis emociones humanas aún persistían dentro de mí, y tenía miedo de quitarme la vida, cada encuentro, a partir de entonces, era una lección de moderación. Buscaría a esas almas perdidas que vagaban demasiado cerca de la casa del burdel, atraídas por la promesa de calor y consuelo para sus deseos internos, sin darse cuenta de la oscuridad que les esperaba. Aprendí a enmascarar mis intenciones detrás de una fachada de encanto, a atraerlas con promesas susurradas de seducción y risas suaves y juguetonas, y sin embargo, cada vez que hundía mis colmillos en la carne tierna, sentía una punzada de culpa, un eco del amor que perdí. Por supuesto, estas culpas emocionales no duraron demasiado tiempo, una vez que la sangre fresca y tibia cayó sobre mi lengua.

La presencia fantasmal de Melissa aún persistía en las tenues sombras de la casa del burdel, el fantasma de un recuerdo que se burlaba de mí. A menudo la vislumbraba, envuelta en la oscuridad de los pasillos. Algunas imágenes de ella la mostraban alimentándose de víctimas desprevenidas que había tomado durante su existencia, luego se desvanecían, como si nunca hubieran estado allí. Estos avistamientos siempre me hacían saltar de miedo. Nunca entendí realmente lo que estaba haciendo, o cómo había hecho tales cosas, pero era demasiado ingenuo para comprender la gravedad de todas sus acciones en ese entonces. A altas horas de la noche, la mayoría de las noches, escuchaba los jadeos y gemidos ahogados de sus víctimas, pero no me di cuenta en ese momento, pero en realidad se estaba alimentando de seres humanos. Mi mente inmadura asumió que ella se estaba entregando a sus placeres de la carne. A menudo, percibía el olor de la sangre llenando el aire nocturno, pero nunca entendí el olor, hasta ahora. Todavía percibo un olor a sangre que persiste en los pasillos de la casa del burdel, después de vislumbrar la figura fantasmal de Melissa con su víctima.

Pienso en una noche en la que escuché a Melissa en la privacidad de su habitación, la curiosidad me golpeó mientras miraba a través de la puerta de madera agrietada de una habitación tenuemente iluminada con velas. Podía oír los débiles gemidos de un hombre y los susurros seductores que provenían de Melissa. Mi corazón latía con fuerza en mi pecho, mientras contemplaba la visión mística de Melissa, mientras hipnotizaba a este hombre como un depredador a punto de reclamar su presa. Fui testigo de cómo obligaba a este hombre a sentarse en la frágil cama de hierro, mientras ella se cubría encima de él enterrando su cara en su cuello, él gimió aún más fuerte. Esa fue mi señal para irme, me apresuré a regresar a mi habitación, cerrando la puerta. Me sentí sonrojada, pero estaba emocionalmente conmovida dentro de mí misma, lo que pensé que estaba sucediendo, en ese entonces, no era la verdad, era simplemente Melissa tomando la sangre de su víctima.

Pero mi admiración por Melissa era complicada, entrelazada con el miedo y el anhelo de ser como ella. Ansiaba su aprobación, pero no podía deshacerme de la inquietud que siempre se instalaba en mis huesos. Muy a menudo me recitaba cuentos de seres inmortales, tejiendo historias llenas de amor, pérdida, anhelo eterno, que generalmente terminaban en algún tipo de tragedia. Ahora me doy cuenta de que estas historias, estos fascinantes cuentos trágicos, no eran solo para entretener; Eran lecciones envueltas en las sombras de su pasado. Un pasado que nunca llegaré a conocer, ahora que ella ya no está. Quería que entendiera el peso de su existencia como vampiro, pero yo no sabía que lo era en ese momento, quería que entendiera el precio de su inmortalidad, incluso si aún no había comprendido el significado completo detrás de sus historias. Me siento triste, a veces, cuando pienso en Melissa, y en lo que podría haber sido su pasado, un pasado que le hizo temer ser amada y qué es exactamente lo que la hizo tan amargada hacia el amor.

A medida que pasaban las décadas, aprendí a manejar el poder de mi nueva vida, mi existencia de no-muerta, tomando posesión hace tantos años de la casa del burdel que una vez había pertenecido a Melissa.

Lo transformé en algo nuevo, un santuario para aquellos que buscaban refugio en el corazón del Barrio Francés de Nueva Orleans. Infundí al lugar una sensación de vida y calidez, incluso mientras seguía siendo una criatura de la noche, acechando en las sombras. Se convirtió en un hotel, un refugio para viajeros y soñadores, una fachada de normalidad que cubría las verdades más oscuras del pasado ocultas bajo la superficie. Cada habitación tenía sus propias historias, cada huésped, un momento fugaz de conexión en un mundo que a menudo se sentía aislado. Me deleitaba con las risas que resonaban en los pasillos, pero no podía escapar del recuerdo inquietante de lo que una vez había sucedido dentro de estas paredes. A menudo me asomaba a la ventana, mirando las calles de abajo, sintiendo el peso de la historia sobre mis hombros. Había heredado no solo un edificio, sino un legado de dolor, tristeza, breves momentos de alegría y una eternidad de recuerdos. A menudo miro el mismo lugar donde se alzaba el viejo roble, retorcido y misterioso, aunque ahora se haya ido, su recuerdo estará para siempre en mi mente. Fue el último lugar, el último recuerdo alegre que compartí con Patrick.

Los extraños hábitos de Melissa a menudo persisten en mis pensamientos, entretejidos en el tejido de mis recuerdos. Había noches en las que se retiraba a su propio mundo, con sus ojos esmeralda distantes y llenos de una tristeza insondable. Ella se sentaba en el salón, absorta en sus pensamientos, y yo la observaba, con una mezcla de preocupación y confusión recorriéndome. – ¿Qué la obsesionaba tanto? ¿Qué secretos se escondían detrás de esos ojos esmeralda? ¿Qué tragedias cargó en secreto?

A menudo me sorprendo a mí misma añorando el vínculo que una vez compartimos, las risas y las historias que ella me contaba, los rayos pintados de esperanza en mi infancia dentro de la casa del burdel. Sin embargo, a medida que crecía, comencé a ver las sombras de su oscuridad, la tristeza en sus cuentos y las corrientes subterráneas más oscuras que insinuaban una vida llena de tragedias. A pesar de todo, yo amaba a Melissa, porque ella me había salvado de mi muerte a una edad tan temprana, pero no podía quitarme de encima la sensación de que no era más que un peón en un juego que no entendía del todo.

Me viene a la mente otra anécdota que me contaría Melissa...

Corría el año 1523 y el Barrio Francés de Nueva Orleans yacía envuelto en la niebla mientras la ciudad se aferraba al borde de un desierto pantanoso. Las calles empedradas, estrechas y sinuosas, guardaban secretos en sus sombras, y las lámparas de gas proyectaban largos y parpadeantes reflejos en las oscuras aguas del pantano. Era una ciudad donde los misterios persistían en cada rincón, donde la vida y la muerte parecían rozarse entre sí, tan cerca como amantes en una noche de luna. En el corazón de esta ciudad embrujada estaba Angélica, una criatura tan atemporal como los viejos robles que bordeaban las calles, su existencia era un misterio conocido por muy pocos. Era una vampira, eternamente hermosa, maldita por un hambre que nunca podría ser saciada, pero impulsada por deseos tan humanos como los de los mortales que caminaban bajo ella. La belleza de Angélica era inigualable: piel pálida como la luz de la luna, ojos de un tono inquietante de ámbar profundo y larga cabellera color cuervo que caía en cascada sobre sus hombros como seda líquida. Sus modales eran elegantes, cada uno de sus movimientos deliberado y elegante, pero había una tristeza innegable en sus ojos, una eternidad de tristeza que ninguna cantidad de tiempo podría borrar. Había vagado por la tierra durante siglos, moviéndose a través del tiempo como si fuera un sueño robado, separada de las vidas fugaces y mortales que la rodeaban. En el Barrio Francés, había encontrado un hogar, un lugar donde su naturaleza de otro mundo podía esconderse entre las excentricidades de la ciudad. Aquí, nadie cuestionaba a la mujer que aparecía solo de noche, su presencia se sentía en los susurros silenciosos y los escalofríos repentinos que la seguían, pero una noche, todo cambió... Era una tarde húmeda de finales de verano cuando Angélica vio por primera vez a Marcus, un artista joven y vibrante que acababa de llegar de París. Hijo de un rico comerciante francés, Marcus había llegado a Nueva Orleans en busca de inspiración, atraído a la ciudad por su vibrante cultura y su belleza indómita. Se había instalado en un pequeño apartamento iluminado por el sol en el borde del barrio, donde pasaba sus días pintando escenas del mundo que tan desesperadamente quería capturar, y sus noches vagando por las calles en busca de algo que no podía nombrar. Esa noche, Marcus se encontró en Jackson Square, sentado bajo la imponente catedral, dibujando el mundo que lo rodeaba bajo el suave resplandor de las farolas. No se dio cuenta de que Angélica estaba en las sombras, simplemente observándolo. Había percibido algo diferente en él, algo que la atraía hacia él de una manera que no había sentido en siglos. Había una intensidad silenciosa en su arte, en su obra, una pasión en sus ojos que parecía llamarla. En contra de su buen juicio, Angélica se encontró acercándose, embelesada por el hombre que tenía delante. Cuando Marcus levantó la vista, su mirada se encontró con la de ella y, por un momento, el tiempo pareció detenerse. Nunca había visto a una mujer como ella, etérea, de otro mundo, como si hubiera salido de uno de sus sueños. Sus ojos tenían una profundidad que él no podía comprender, y sintió una atracción inexplicable hacia ella, como si todo el universo hubiera cambiado repentinamente, uniéndolos. Su belleza era muy hipnotizante, Marcus estaba congelado ante tal obra de arte, y su corazón se aceleraba de inspiración ante su mera presencia.

—¿Es usted un artista, señor? —preguntó Angélica, con una voz suave, reconfortante, pero llena de un poder silencioso.

Marcus asintió, luchando por encontrar palabras en presencia de su belleza, su cuerpo angelical, "Yo... Lo soy, pero creo que nunca he capturado algo tan hermoso como usted, mi señora.

Una leve sonrisa tocó los labios de Angélica y, por primera vez en lo que pareció una eternidad, sintió una chispa de algo que creía haber olvidado hacía mucho tiempo: esperanza y amor.

Durante las semanas que siguieron, Angélica y Marcus se veían a menudo, y sus encuentros siempre después de que el sol se había puesto. Marcus, embelesado por su naturaleza misteriosa y su exquisita belleza, no podía pensar en otra cosa. La pintó sin cesar, intentando sin éxito capturar la gracia enigmática que parecía fluir de cada uno de sus movimientos. A su vez, Angélica se sintió atraída por Marcus de una manera que nunca había experimentado realmente. Su pasión por la vida, su arte, su bondad, todo ello agitado por emociones dentro de ella que hacía tiempo que se creía muerta, pero Angélica conocía los peligros de permitirse amar a un mortal. Su maldición no era solo de sangre y hambre, sino de soledad, una existencia eterna en la que el amor solo podía terminar en la angustia de su corazón no muerto. Aun así, no pudo resistir los sentimientos internos que florecían en lo más profundo de su ser. Por primera vez en muchos siglos, se sintió viva. Marcus, por otro lado, se estaba enamorando perdidamente. Sabía que Angélica no se parecía a nadie que hubiera conocido o visto, aunque aún no podía comprender el verdadero alcance de su naturaleza. Era esquiva, desaparecía antes del amanecer, esquivando la luz del sol como si fuera un veneno, pero su voz, su risa, su mera presencia, todas esas cosas lo consumían. Pasaba horas pintándole la cara, los ojos, la sonrisa, siempre buscando algo que no pudiera nombrar, algo que estuviera más allá de su alcance. Una noche, mientras Marcus y Angélica caminaban por las brumosas orillas del río Mississippi, Marcus tomó su mano entre las suyas, notó el frío helado de su mano, pero lo ignoró, "Angélica", comenzó, su voz llena de intensa emoción, "siento que te conozco desde siempre, como si toda mi vida me hubiera llevado a este momento. No sé quién eres realmente, ni de dónde vienes, pero no me importa. Todo lo que sé es que me he enamorado de ti, estoy enamorado de ti".

Angélica se detuvo, sus ojos ámbar se clavaron en los de él. Su corazón invicto, aunque muerto hacía mucho tiempo, parecía doler en su frío pecho. Había sabido que ese día llegaría, lo había temido incluso cuando lo anhelaba. —Marcus —susurró ella, con la voz cargada con un dejo de tristeza—, hay cosas sobre mí que no entiendes. No soy lo que crees que soy".

Se acercó, su mirada inquebrantable, "Entonces dime. Déjame entender. Sea lo que sea, a mí no me importa. Te amo, Angélica, y nada cambiará eso".

Durante un largo momento, Angélica permaneció en silencio, dividida entre su deseo interior de amar y la necesidad de protegerlo de la verdad. Finalmente, respiró hondo y, en ese momento, el mundo a su alrededor pareció detenerse. —No soy como tú —dijo ella, su voz apenas era más que un susurro—, no soy humana, una mortal. No lo he sido en siglos".

Marcus frunció el ceño, la confusión parpadeaba en sus ojos anhelantes, "¿Qué quieres decir, Angélica?"

—Soy un vampiro, una criatura de la noche que chupa sangre —confesó Angélica, sus palabras flotando en el aire como la mera maldición que es—, he vivido más de trescientos años, Marcus, sostenida por la sangre de los vivos. No soy humano, y nunca lo seré".

Marcus dio un paso atrás, su mente se tambaleaba. Él la miró fijamente, buscando en su rostro alguna señal de que solo se estaba burlando de él, pero todo lo que encontró fue la fría y dura verdad reflejada en sus ojos. Su corazón latía con fuerza en su pecho mientras el peso de sus palabras se hundía, realmente se hundía profundamente en su interior. —¿Un vampiro? —repitió, su voz apenas audible. "¿Cómo... ¿Cómo es eso posible?"

—No espero que lo entiendas, Marcus —dijo Angélica, con la voz empezando a temblar—, pero es la verdad. He vivido muchas vidas diferentes a lo largo de los siglos, y he visto muchas cosas, pero amarte... eso es algo que nunca creí posible dentro de mi corazón de no muerto, algo que nunca pensé que realmente podría hacer, que realmente podría sentir".

Marcus negó con la cabeza, luchando por procesar la revelación, "Tú ... ¿De verdad bebes sangre? ¿De verdad matas a la gente?

La mirada de Angélica bajó, su voz apenas un susurro, "Sí, lo he hecho, pero también he aprendido a vivir sin matar siempre. No tomo una vida humana a menos que sea necesario".

Durante varios momentos, ninguno de los dos habló, el silencio entre ellos se llenó con el sonido del río y el zumbido lejano de la ciudad. Finalmente, Marcus rompió el silencio, su voz llena de una mezcla de miedo y determinación. —No me importa, Angélica —dijo él, acercándose a ella—, no me importa lo que seas, si eres un asesino o no, te amo de todos modos. Como ya he dicho, nada cambiará eso, mis sentimientos siguen siendo los mismos".

Angélica solo lo miraba fijamente, su corazón invicto se rompía y se elevaba al mismo tiempo. Quería creerle, quería creer que el amor podía vencer incluso esto, pero en el fondo, sabía la verdad. Su amor ya estaba condenado, destinado a terminar en algún tipo de tragedia. Durante un corto tiempo, el amor de Marco y Angélica floreció en la oscuridad del Barrio Francés. Se encontraron en secreto, al amparo de la noche, y esas pocas horas preciosas juntos, olvidaron la terrible verdad que yacía entre ellos. Marcus, aunque todavía estaba aceptando lo que era Angélica, no podía negar la profundidad de sus sentimientos por ella. Él la amaba ferozmente, completamente, a pesar del peligro que acechaba en su beso helado, pero Angélica sabía que su tiempo juntos era fugaz. Había visto lo que les pasaba a los mortales que se enamoraban de los vampiros. Los había visto envejecer mientras ella permanecía inmutable, y había sido testigo del profundo dolor de verlos morir mientras ella seguía viviendo, maldecida para recordarlos por la eternidad. No podía soportar el mismo destino para Marcus. Una noche, mientras yacían juntos en su mansión sombría, lejos de las bulliciosas calles, Angélica se volvió hacia él, con el corazón cargado por el peso de la decisión que había tomado, la decisión de dejarlo ir. —No podemos seguir así, Marcus —susurró ella tan suavemente como pudo, con la voz cargada de tristeza—.

Marcus frunció el ceño, acercándola más, "¿De qué estás hablando, Angélica?"

"Eres mortal". Angélica dijo, con voz temblorosa: "Tú envejecerás y yo permaneceré como soy. No puedo verte morir, Marcus. No permitiré que sufras por mi culpa, además, cada noche es más difícil no saborear tu sangre pura corriendo por tus venas. Se vuelve tan tentador algunas noches, y no quiero hacerte daño nunca".

Marcus se limitó a negar con la cabeza, su abrazo se estrechó alrededor de su frío cuerpo, "No me importa todo eso, Angélica. No me importa envejecer, todo lo que quiero es estar contigo todo el tiempo que pueda".

—Es que no lo entiendes —suplicó Angélica con la voz quebrada—, ya he vivido este tipo de cosas antes. He visto morir a personas que amé una vez, mientras yo permanezco, atrapado en esta existencia. No puedo hacerlo de nuevo, debería haberlo sabido mejor que nunca enamorarme de ti".

Las lágrimas llenaron los ojos de Marcus mientras la miraba, con el corazón roto. —Entonces hazme lo que eres —susurró—, hazme como tú, inmortal.

Los ojos de Angélica se abrieron con horror, "No. No puedo hacer eso. No pondré esta maldición sobre ti, no te maldeciré con esta vida, no sabes lo que me pides".

—No es una maldición, Angélica —insistió Marcus—, es la única forma en que podemos permanecer juntos, para siempre.

—No —dijo Angélica, apartándose de él—, no sabes lo que me estás pidiendo. Esta vida... Está lleno de mucha oscuridad, de hambre que te volverá loco, de sufrimiento sin fin. No te haré eso, Marcus. Te quiero demasiado".

Las lágrimas corrían por el rostro de Marcu mientras la miraba fijamente, su corazón se rompía en mil pedazos. "Entonces, ¿qué se supone que debemos hacer? ¿Dejar que esto llegue a su fin? ¿Déjame envejecer y morir mientras tú sigues sin mí?

Angélica cerró los ojos, mientras una lágrima de sangre rodaba por su mejilla pálida y fría, el dolor de sus palabras penetraba profundamente, "No lo sé", susurró, "pero no puedo hacer esto. No puedo condenarte a esta existencia".

A medida que pasaban los días, Marcus se vio consumido por su deseo egoísta de estar con Angélica para siempre, su mente se llenó con el inquietante conocimiento de que su tiempo juntos se estaba agotando. No podía aceptar la idea de vivir sin ella ahora, no podía soportar la idea de envejecer mientras ella permanecía eterna y perfecta, con el dolor de su muerte colgando dentro de su corazón congelado. Cuanto más pensaba en todo ello, más crecía su desesperación, hasta que se convirtió en algo más oscuro. Una noche, Marcus fue al único lugar donde sabía que podía encontrar las respuestas que deseaba, los pozos subterráneos del Barrio, donde los rumores de vampiros acechaban en las sombras. No le importaba si eso significaba su vida, tenía que intentarlo. Había oído rumores sobre la existencia de los vampiros, susurrado cuentos populares de aquellos que podían conceder la inmortalidad a los dispuestos, pero con un precio. Y aunque Angélica se había negado a entregarlo, Marcus creía que alguien más podría hacerlo, especialmente después de escuchar su historia de "amor". Encontró a estos vampiros en los rincones más oscuros de la ciudad, una especie de aquelarre, antiguos vampiros liderados por una figura cruel y poderosa llamada Leroy, a diferencia de Angélica, que había aprendido a moderar su hambre, Leroy se deleitaba con la violencia y la sed de sangre que conllevaba ser una criatura inmortal de la noche. Leroy veía a los mortales como nada más que presas, y cuando Marcus se acercó a él con su extraña solicitud, Leroy vio una oportunidad: "¿Deseas convertirte en lo que somos?" —preguntó Leroy, con la voz empapada de malicia.

Marcus asintió, su corazón se aceleró en su pecho, "Sí, necesito que me conviertan, estar con ella, mi amor, Angélica, no puedo vivir sin ella".

Leroy sonrió, sus colmillos brillando en la penumbra, "¿Y ella también lo pide, sabe que estás aquí? ¿Sabe que has venido a mí?

Marcus vaciló, la culpa lo carcomía, "No, pero ella tendrá que entender. Una vez que sea como ella, ella aceptará mi destino".

Leroy soltó una risita sombría, rodeando a Marcus como un depredador hambriento, "Ah, qué amor tan joven y decidido. Tan ciego, tan tonto. Muy bien, mi simple mortal, te daré lo que buscas.

Sin previo aviso, Leroy se abalanzó sobre Marcus, hundiendo sus colmillos profundamente en su cuello. El dolor era insoportable, pero Marcus lo aceptó, creyendo que lo acercaría más a Angélica, que les permitiría permanecer juntos por toda la eternidad, sin permitir que ella volviera a sentir tanto dolor por la pérdida. Sintió que su vida se le escapaba, reemplazada por algo oscuro y antiguo, algo que se retorcía y ardía dentro de él, mientras bebía una taza de sangre tibia y espesa de Leroy. Cuando la transformación se completó, Marcus retrocedió a trompicones, su cuerpo temblando, sus sentidos agudizados. Podía sentir el hambre que crecía, que subía dentro de él, la sed de sangre, pero todo lo que podía pensar era en Angélica, en cómo ahora no tendría ninguna razón para rechazar su amor, en cómo podrían estar juntos por la eternidad. Pero cuando regresó con ella más tarde esa noche, todo se vino abajo. Angélica lo estaba esperando, con el corazón cargado de un temor desconocido. Había sentido que algo se movía en el aire, la ciudad, una oscuridad que se acercaba, y cuando Marcus cruzó la puerta descolorida, supo de inmediato lo que había hecho. Su sangre olía diferente, su olor era el de una criatura muerta, inmortal. —No —susurró ella, con la voz llena de horror y derrota—, ¿qué has hecho, Marcus?

Marcus se paró frente a ella, sus ojos salvajes, su cuerpo temblando con el nuevo poder que corría a través de él, "Hice esto por ti, por nosotros, Angélica", dijo, su voz llena de desesperación, "Hice esto para que pudiéramos permanecer juntos para siempre".

Angélica negó con la cabeza, lágrimas de sangre corrían por su rostro, "No entiendes, nos has condenado a los dos. Puedo oler la sangre dentro de ti, la sangre de un monstruo".

Antes de que Marcus pudiera responder, Leroy apareció en la tenue puerta, con una sonrisa siniestra en su rostro, "No pensaste que simplemente te dejaría tenerlo todo para ti por la eternidad, ¿verdad, Angélica?"

A Angélica se le heló la sangre al darse cuenta de la magnitud de la traición. Leroy había utilizado a Marcus para llegar a ella, no lo había rechazado por amabilidad, sino para atarlo a su oscura y enmarañada telaraña. Marcus ya no era suyo, ahora pertenecía a Leroy, a la oscuridad que lo había consumido. Leroy una vez la quiso para él, pero ella escapó y permaneció oculta de sus garras, pero ahora estaba aquí para reclamarlos a ambos. —Marcus —susurró Angélica, con su corazón de no-muerto destrozado—, te has convertido en alguien, en algo, a lo que nunca podré amar. Ahora eres suyo, ligado a él por su sangre sádica. Leroy nunca permitirá que te liberes de sus garras.

El rostro de Marcus se arrugó de angustia cuando la verdad de sus palabras se hundió. Había pensado que la inmortalidad los mantendría unidos para siempre, pero solo los había separado. —Lo siento mucho, mi amor —susurró él, débilmente, cayendo de rodillas ante ella—, lo siento mucho.

Pero ya era demasiado tarde, el daño ya estaba hecho y no había vuelta atrás. Angélica, con su corazón de no-muerto roto, se alejó de él, el amor que una vez habían compartido ahora se perdió en la oscuridad para siempre.

Angélica abandonó Nueva Orleans esa misma noche, desapareciendo rápidamente en las sombras del enorme mundo, dejando atrás el único amor que había conocido en muchos siglos. Vagaba sola por la tierra, atormentada por el recuerdo de Marcus, el hombre que una vez había amado y perdido en la oscuridad inmortal, la miserable maldición de la inmortalidad. Marcus, ahora atado por la sangre de Leroy, seguía viviendo en Nueva Orleans, porque nunca podía irse, pero era una sombra del hombre que una vez había sido. Vagó por las calles del Barrio Francés, buscando a Angélica en cada rostro, en cada susurro, pero nunca la encontró. La inmortalidad que había buscado se había convertido en su prisión, y el amor por el que había luchado no era ahora más que un recuerdo lejano y doloroso. Marco se dio cuenta de que Angélica había dicho la verdad, era una maldición, y era por toda la eternidad. Y así, su trágica historia de amor se convirtió en una leyenda, susurrada entre los vampiros ocultos del Barrio Francés, una historia de amor, celos y traición, de un amor que nunca pudo ser, y de la oscuridad que los consumió a ambos por toda la eternidad.

Este romance trágico y distante, del que Melissa me habló esa noche, todavía habita en mis pensamientos, pesado, con tanto dolor por un amor que nunca podría haber sido, fuera verdadero o no.

Con el tiempo, la casa del burdel se transformó en el majestuoso hotel, que ahora se yergue orgulloso en el Barrio Francés, una mezcla de mi pasado y mi presente. Llené estas paredes con recuerdos de alegría, un marcado contraste con la historia empapada de sangre que yacía debajo. El hotel se convirtió en un símbolo de mi supervivencia, un intento de reclamar mi mera identidad en medio del caos de mi existencia inmortal, y mientras me movía por estos mismos pasillos, a veces veo el fantasma de Melissa, en el rabillo del ojo, como una sombra fugaz, saltando de una habitación a otra, un recordatorio de la elección que me formó. Los extraños hábitos de Melissa que una vez habían exhibido todavía persisten en mi mente, y a menudo me preguntaba si ella también había sentido el peso de su inmortalidad, de sus acciones crueles y la carga de la inmortalidad presionando su corazón de no-muerta. Ahora, al reflexionar sobre esos momentos pasados, me doy cuenta de que nuestras vidas estuvieron entrelazadas para siempre, para nunca estar separadas, un tapiz tejido con hilos de amor, pérdida y los ecos inquietantes de nuestros arrepentimientos. Melissa permanecerá por toda la eternidad en este lugar y en mis pensamientos.

Los recuerdos de mi transformación, hace tanto tiempo, siempre perdurarán, un recordatorio constante de la delgada línea que camino entre las sombras oscuras y la luz pálida, mientras continúo contemplando las complejidades de mi existencia inmortal.

Capítulo 4

Mirando desde la discreta ventana de mi habitación de hotel, el suave resplandor del crepúsculo se derrama en la habitación, proyectando largas sombras que bailan por el suelo. El aire está cargado de aromas de jazmín y tierra humedecida, y no puedo evitar dejar que mi mente regrese a los buenos tiempos, a los mejores momentos, compartidos con Melissa dentro de estas paredes que alguna vez fue una casa de burdel. Esos momentos a menudo eran eclipsados por una forma de oscuridad, pero había destellos de luz que puntuaban nuestra existencia, conversaciones que dejaron su huella en mi alma no muerta, dando forma a la esencia misma de en quién me convertí.

Recuerdo las tardes en las que nos acomodábamos en los lujosos sillones del salón, mientras la casa del burdel era silenciosa y aislada, el aire cargado con el aroma del incienso y el cálido resplandor de la tenue luz de las velas. Melissa nos servía a cada uno una copa de vino tinto oscuro, sus movimientos eran gráciles y fluidos, y comenzaba a tejer sus pequeñas historias, cautivándome con historias de romance y tragedia íntima. Reflexiono sobre una de esas historias que me contó...

"Había una vez una hermosa vampira llamada Elizabeth", comenzaba Melissa su historia, con los ojos brillando con una mezcla de nostalgia y tristeza. "Se enamoró de un hombre mortal, un poeta cuyas palabras podían hacer llorar a las estrellas. Su amor fue apasionado, pero condenado al fracaso desde el principio, porque Elizabeth sabía que abrazarlo significaría arrastrarlo a las profundidades de la mera oscuridad con ella.

Su voz adquiría una cualidad melódica, pintando imágenes vívidas en mi mente. De hecho, pude ver imágenes de esta Isabel, etérea y trágica, una mujer atrapada entre dos mundos. Melissa continuó su relato: "En un momento de desesperación, Elizabeth lo convirtió, haciéndolo inmortal, igual que ella, pero él se perdió en el hambre de sangre, abrumado por el deseo de alimentarse. Se convirtió en un monstruo, y Elizabeth se quedó sola vagando por las noches solitarias, agobiada por su amor por un hombre que ya no podía reconocerla. Ella debe continuar en su eternidad arrepintiéndose de sus decisiones".

Estas historias siempre estaban impregnadas de dolor y anhelo, reflejos de las propias experiencias de Melissa, y a menudo podía sentir una ligera conexión con ellas. Aunque nunca me contaría la verdadera historia de su pasado, sabía que había sufrido pérdidas y desamores. Podía oír su dolor silencioso en cada palabra que pronunciaba mientras me contaba sus historias. Cada cuento resonaba en mi corazón, haciéndose eco de los temores que albergaba en silencio sobre mi propio destino, mi futuro desconocido: "Melissa, ¿crees en el amor? ¿Crees en un amor que trasciende cualquier tipo de oscuridad? —le pregunté una vez, con una voz apenas superior a un susurro.

—El amor es lo único que puede salvarnos de nosotros mismos, Maria Grace, pero también puede ser lo que nos lleve a una amarga desesperación —respondió Melissa, con la mirada distante como si estuviera mirando un pasado que era a la vez hermoso y desgarrador. "Debemos tener cuidado a quién elegimos amar verdaderamente, porque en esta vida, cada conexión tiene un precio. Los seres humanos deben creer en algún tipo de amor, alguna forma de esperanza y algún medio de eternidad, ya sea el Cielo o el Infierno, o cualquier tipo de creencias religiosas, de lo contrario, uno se volvería loco, renunciando a la vida por completo".

Esas noches tranquilas estaban llenas de pequeñas risas y muchos compartían secretos de emoción, un bálsamo contra las cargas que llevábamos en lo más profundo de nuestro ser. En la presencia de Melissa, encontré un sentido de pertenencia, una comprensión compartida que trascendió el ámbito mundano de nuestra realidad en esta casa de burdel. Hablábamos hasta altas horas de la noche, la esencia de la tenue luz de las velas proyectaba varias sombras que parecían bailar a través de las paredes, mientras ella hablaba de las luchas eternas de los inmortales imaginarios, de las almas perdidas que buscaban alguna forma de amor, alguna forma de redención. Una noche, nuestra conversación se centró en asuntos más profundos, la fe, la religión y los conceptos del Cielo y el Infierno. Estaba intrigado pero confundido, atrapado en una encrucijada de mis propias creencias: "¿Crees que hay un Dios? —pregunté al instante, sin saber cómo respondería.

"Dios está ahí, Maria Grace, al igual que la inmortalidad, nunca muere", reflexionaba Melissa, con voz pensativa, "Algunos dirían que las personas están malditas para vagar por esta tierra por una eternidad, pero otros creen que Dios se las llevaría antes porque las necesita en el Cielo. Algunas almas son dejadas aquí para vagar por este planeta sin ningún propósito, mientras que otras almas se convierten en parte de un diseño más grande, elegidas para soportar el peso del mundo, como si fuera para siempre. El Cielo y el Infierno son reales, dependiendo de las elecciones que hagamos durante nuestra vida, eso es lo que determina el destino de uno, un reflejo de nuestras elecciones es lo que manifiesta nuestras almas".

—¿Pero qué hay de la redención? Insistí, anhelando claridad sobre el tema: "¿Podremos alguna vez expiar las vidas que hemos decidido vivir? ¿La oscuridad que tanta gente lleva dentro?

La expresión de Melissa se suavizó y, por un breve momento, vi un rayo de vulnerabilidad en sus ojos esmeralda, "La redención es simplemente un viaje, creo, Maria Grace, no un destino. Cada decisión que tomamos da forma a nuestro camino, ya sea buena o mala, puede que no encontremos la absolución, pero podemos buscar la comprensión. Al final del viaje, es el amor que compartimos, por fugaz que sea, lo que nos otorga una apariencia de cualquier tipo de paz. Algunos lo encontrarán, y otros permanecerán vagando, buscando, por una eternidad".

Las palabras de Melissa flotaban en el aire, resonando profundamente dentro de mí. Aunque no entendí completamente lo que quería decir en ese momento, ahora me doy cuenta exactamente de lo que estaba tratando de decirme. Sus palabras fueron inquietantes pero reconfortantes, llenando el vacío dejado por mi comprensión fragmentada de tales asuntos. Anhelaba su sabiduría sobre estos temas, pero sabía que mi propio camino estaba destinado a estar plagado de sombras tenues que rodeaban mi alma.

Ha habido muchos momentos en los que he echado de menos escuchar la voz de Melissa, me encontraba echándola de menos más de lo que me importaba admitir. Después de quitarle la vida, un vacío se instaló dentro de mí, un pequeño vacío que resonaba con los recuerdos que compartíamos y todas las conversaciones sinceras que se hablaban entre nosotros. Había puesto fin a su existencia, y algunas noches reflexionaba sobre si encontraba su redención, su Cielo o su Infierno. No pude quitarme de encima la sensación de que también me había cortado una parte vital de mí misma, la noche en que Melissa dejó de existir.

Otra historia surge en mi mente, que Melissa me contó...

Savannah a principios de 1500 era una ciudad envuelta en belleza y contradicción, donde las calles empedradas serpenteaban bajo los imponentes árboles de magnolia, y el aroma del jazmín en flor flotaba en el aire. La ciudad era joven, construida sobre sueños de prosperidad, pero bajo su fachada de elegancia y riqueza, los secretos se enconaban. Fue en esta ciudad, tan llena de encanto pero plagada de sombras, donde una joven llamada Sophia se encontró atrapada en una red de deseo, fe y angustia. Sofía era hija de un modesto predicador, educada con las virtudes de la humildad y la piedad inculcadas en ella desde muy joven. La voz de su padre resonaba en su mente todos los días, recordándole que el lugar de una mujer era uno de modestia, servidumbre a Dios y devoción a la justicia, pero Savannah, con su riqueza y complejidades sociales, ofrecía tentaciones que incluso las más devotas no siempre podían resistir. Sofía era una belleza sorprendente, aunque nunca se vio a sí misma como tal. Su cabello era de un castaño oscuro, enroscado alrededor de su rostro en suaves ondas, y sus ojos eran tan azules como el Océano Atlántico que bordeaba su mundo. Sin embargo, su belleza se vio empañada por una confusión interior, una batalla constante entre lo que sabía que era correcto y lo que su corazón anhelaba. Este conflicto comenzó el día que conoció a Thomas.

Thomas era un hombre de estatus e influencia, casado con una mujer llamada Stella, una de las mujeres más ricas de Savannah. Stella era todo lo que Savannah valoraba, elegante, sofisticada y profundamente ligada al viejo dinero que corría por las venas de la ciudad. Su matrimonio, aunque políticamente ventajoso, fue cualquier cosa menos apasionado. El corazón de Stella era tan frío como los diamantes que llevaba, y sus ojos, aunque a menudo estaban llenos de deseo de control y estatus, tenían poca calidez para su marido. Sophia vio por primera vez a

Thomas durante una de las reuniones sociales de Savannah, una elabo-rada fiesta que se celebraba bajo los grandes robles de Forsyth Park. Es-taba de pie cerca de la fuente, su cabello oscuro cayendo en suaves ondas, su alto cuerpo recortado contra la puesta de sol. Había algo en él, un aire de tranquila inteligencia, una inquietud en su mirada que parecía reflejar la suya. Cuando sus miradas se cruzaron a través del césped abar-rotado, Sophia sintió una atracción innegable hacia él, como si el uni-verso hubiera cambiado y los hubiera unido en ese único momento, una química tan fuerte que se arremolinaba en el aire. Hablaron por primera vez esa noche, cuando el destino, o tal vez algo más, la guió hasta él. Sofía había estado ayudando a su madre con obras de caridad, sirviendo comida a los pobres de la ciudad, cuando Tomás se acercó. Era cortés, educado, pero sus ojos se detenían en ella de una manera que la hacía sentir vista, realmente vista, por primera vez en su vida. —Tiene usted un buen corazón, señorita —dijo Thomas en voz baja, de manera co-queta, mientras le entregaba un plato de sopa a un mendigo—.

El corazón de Sophia se aceleró con el simple sonido de su voz, "Solo hago lo que es correcto, señor", respondió ella, aunque sus manos tem-blaban ligeramente.

Thomas sonrió, pero había tristeza en sus ojos, "A veces lo que es cor-recto no es lo que realmente deseamos".

Las palabras impactaron a Sophia, resonando con una verdad que había estado tratando de negar. En las semanas siguientes, sus caminos se cruzaron con más frecuencia. Después de todo, Savannah era pe-queña, y Sophia se encontró asistiendo a más reuniones en las que Thomas estaba presente. Cada vez que se veían, sus conversaciones se volvían más profundas, más íntimas, hasta que Sophia se enamoró de un hombre que sabía que nunca podría haberlo hecho. El amor de Sophia por Thomas se convirtió en un tormento, una lucha constante entre sus creencias religiosas y los fuertes deseos que la consumían. Cada vez que lo veía, le dolía el corazón con tanto anhelo, pero su conciencia le recordaba que era un hombre casado. Ceder a sus sentimientos sería un gran pecado, una traición a todo lo que le habían enseñado. Buscó consuelo en la iglesia, arrodillándose durante horas ante el altar sagrado, rezando por fuerzas para resistir la tentación que había echado raíces en su corazón. La imagen de Cristo en la cruz se cernía sobre ella, un recordatorio de los sacrificios que se esperaba que hiciera en esta vida, y sin embargo, por mucho que rezara, los sentimientos no se desvanecían. —Perdóname, Señor —susurró ella, con la voz quebrada por la emoción—, sé lo que es correcto, pero mi corazón... mi corazón no obedece".

Su padre, al percibir los cambios en su comportamiento, se preocupó. Siempre había sido un hombre severo y honesto, con una fe inquebrantable, y temía por el alma de su hija. Se dio cuenta de que a menudo miraba por la ventana con una mirada lejana, con la mente claramente en otra parte, y cómo su espíritu, una vez alegre, parecía agobiado por alguna carga invisible. —Sofía —le dijo su padre una noche, mientras estaban sentados junto al fuego en su modesta casa—, ¿hay algo que te inquiete?

Sophia vaciló, con el corazón latiéndole en el pecho. Tenía muchas ganas de confesarse, de hablarle de la tormenta que se desataba en su interior, pero temía su reacción. ¿Cómo podía explicar que se había enamorado de un hombre que estaba unido por matrimonio con otro? "Yo... Estoy luchando con mi fe, Padre —respondió finalmente, su voz apenas por encima de un susurro—, hay sentimientos que tengo que sé que están mal, pero no puedo hacer que desaparezcan.

Su padre frunció el ceño con preocupación, pero su voz permaneció tranquila, "El Señor nos prueba de muchas maneras, Sophia. Él pone obstáculos en nuestro camino para ver si permaneceremos fieles a Él. Debes confiar en el plan de Dios, incluso cuando sea difícil".

Sophia asintió, pero su corazón se sentía pesado. ¿Cómo podría ser esto parte del plan de Dios? ¿Cómo podría un amor que se sentía tan puro, tan correcto, estar tan equivocado? Una noche, mientras el sol se ocultaba en el horizonte, proyectando un cálido resplandor sobre la ciudad. Sophia se encontró vagando por el jardín de una de las grandes fincas de Savannah. Había silencio, los invitados seguían dentro, y el único sonido era el susurro del viento a través de los magnolios. Había venido aquí para escapar, para despejar su mente, pero en lugar de eso, se encontró pensando solo en Thomas, y entonces, como convocada por sus pensamientos, apareció en su camino. —Sophia —dijo en voz baja, su voz hizo que su corazón diera un vuelco en su pecho—. Podía verlo allí de pie, con una expresión ilegible, pero sus ojos se llenaron del mismo anhelo que ella había tratado desesperadamente de reprimir. —Thomas —susurró ella, incapaz de ocultar el temblor en su voz—, no deberías estar aquí.

—Tenía que verte —dijo Thomas, acercándose—, no puedo dejar de pensar en ti, Sophia. Cada momento que estamos separados se siente como una eternidad".

Sophia sintió que su determinación se desmoronaba. Sus palabras se hicieron eco de los mismos pensamientos que la habían atormentado, y en ese momento, el peso de su conflicto interno le pareció demasiado difícil de soportar. —Esto está mal —dijo ella, aunque su voz carecía de la convicción—, estás casada. Esto solo sería lujuria, no amor completo. No podemos..."

—Lo sé —interrumpió Thomas, con la voz llena de angustia—, pero mi matrimonio... No es lo que piensas. Stella y yo... Nunca estuvimos enamorados el uno del otro. Se dispuso, una cuestión de negocios, de combinar riquezas. Nunca he sentido por Stella lo que siento por ti, lo que siento cada vez que te veo.

El corazón de Sophia se aceleró, dividida entre el amor que sentía por él y la culpa que la carcomía, "Pero no importa, señor", dijo, con lágrimas en los ojos, "Estás atado a ella, a los ojos de Dios y de la ley".

Thomas extendió su mano, su toque envió una sacudida de electricidad a través de su cuerpo, "¿Le importa a Dios que nos amemos? ¿Que he encontrado en ti lo que nunca creí posible?

Sus palabras rompieron las barreras que había construido alrededor de su corazón y, por primera vez, Sophia se permitió imaginar un mundo en el que realmente podrían estar juntos, pero la realidad de su situación pesaba mucho sobre ella. —No sé la respuesta a su pregunta, señor —susurró Sophia, con la voz llena de desesperación—, ya no sé qué es lo correcto.

Thomas la atrajo hacia sus brazos, abrazándola mientras ella lloraba cálidas lágrimas por su frágil rostro. Por un momento, se quedaron allí bajo los magnolios, perdidos el uno en el otro, el mundo a su alrededor se desvanecía en la nada, pero incluso mientras sus corazones latían al unísono, las sombras de su amor prohibido se cernían sobre ellos, amenazando con separarlos incluso antes de que hubieran comenzado. Los días se convirtieron en semanas, y Sophia y Thomas continuaron viéndose en secreto, su amor se hacía más fuerte con cada momento robado, pero la culpa pesaba más en el alma de Sophia, y no importaba cuánto intentara justificar sus sentimientos, no podía escapar del conocimiento de que su amor estaba construido sobre mentiras y engaños. Sabía en el fondo que Thomas nunca sería completamente suyo, nunca sería realmente su esposo. No pasó mucho tiempo antes de que los rumores comenzaran a extenderse. Savannah era una ciudad pequeña y la gente hablaba. Sophia se dio cuenta de la forma en que las otras damas la miraban, especialmente durante los servicios religiosos, sus susurros apenas disimulaban. Podía sentir el amargo juicio en sus ojos, podía oír la condena en sus voces susurradas. La esposa de Thomas, Stella, también había comenzado a sospechar que algo andaba mal. Stella no era una mujer fácil de engañar, y aunque su matrimonio con Thomas era de conveniencia, todavía se enorgullecía del estatus que le otorgaba. La idea de que su esposo pudiera serle infiel era un insulto a su orgullo, y no lo toleraría. Una noche, mientras Sophia se dirigía a casa de una de sus reuniones clandestinas con Thomas, fue detenida por una mujer que reconoció de la iglesia, Agnes, una chismosa notoria. —Sophia —dijo Agnes, con la voz llena de falsa preocupación—, he oído algunas cosas inquietantes sobre ti, querida. La gente está hablando, ya sabes. Dicen que te han visto con Sir Thomas.

El corazón de Sophia se aceleró de miedo, su rostro se sonrojó de vergüenza, "Yo ... No sé de qué estás hablando —tartamudeó—.

Agnes sonrió, sus ojos brillaban con malicia, "Oh, creo que sí, querida. Y Stella también.

Sophia sintió que una ola de pánico la invadía. Si Stella lo sabía, entonces era solo cuestión de tiempo antes de que la verdad saliera a la luz. Su mera reputación, el nombre de su familia, la reputación de su padre como predicador, todo lo que tanto trabajó para proteger se arruinaría. No pasó mucho tiempo antes de que se produjera el enfrentamiento que había temido. Una noche, cuando Sophia regresaba a casa de una reunión secreta con Thomas, encontró a Stella esperándola en el porche de la casa de su padre. El rostro de Stella era una máscara de fría furia, sus ojos brillaban de odio. —Entonces, es verdad —dijo Stella en voz baja y peligrosa—, has estado viendo a mi marido.

Sofía sintió que se le caía el corazón. Sabía que este momento llegaría en algún momento, pero ahora que estaba aquí, no se sentía preparada en absoluto. —Stella, por favor —comenzó, con la voz temblorosa por el miedo y la culpa—, no es exactamente lo que piensas...

Stella se rió, con un sonido amargo, "Oh, creo que es exactamente lo que pienso. Has estado andando a escondidas con mi Thomas a mis espaldas, ¿verdad? ¿Crees que porque eres tan joven y bonita puedes robarme a mi esposo?"

Los ojos de Sophia se llenaron de lágrimas de arrepentimiento, la culpa y la vergüenza la abrumaron, "Lo siento", murmuró, con la voz quebrada, "nunca quise que nada de esto sucediera".

—¿Lo siento? Stella escupió, con el rostro retorcido por mucha ira, "Lo lamentarás. La arruinaré, señorita Sophia, me aseguraré de que todos en Savannah sepan qué tipo de mujer es realmente.

Sophia sintió que una ola de vergüenza y desesperación la inundaba. Acababa de perderlo todo, su mera reputación de mujer, su fe, su amor. No había escapatoria de las consecuencias de sus actos. Después de la confrontación con Stella, el mundo de Thomas y Sophia comenzó a desmoronarse. Los rumores se extendieron como un reguero de pólvora, y pronto, Sophia se encontró rechazada por la misma comunidad que una vez la había acogido. Las mujeres susurraban sobre ella en la iglesia, los hombres ya no le ofrecían el cortés respeto que alguna vez tuvieron, y su padre, devastado por la vergüenza que había traído a su familia, apenas podía mirarla. Tomás también se encontró atrapado en una prisión de su propia creación. Su matrimonio con Stella, sin embargo, sin amor, estaba limitado por las expectativas de la riqueza y la sociedad. Dejarla por Sophia significaría la ruina financiera, no solo para él, sino también para su familia, y aunque le dolía el corazón por Sophia, ahora sabía que nunca podría estar realmente con ella. Su amor, una vez lleno de esperanza y pasión, se había convertido en una fuente de dolor y arrepentimiento. Se encontraron por última vez, bajo los árboles de magnolia donde su amor había florecido por primera vez. El aire estaba cargado con el aroma de las flores, pero la belleza del momento se perdió bajo el peso de su dolor. —Lo siento mucho, Sophia —dijo Thomas, con la voz llena de emoción—, desearía que las cosas fueran diferentes.

Sophia asintió, cálidas lágrimas corrían por su rostro, "Ya lo sé, Thomas", dijo con voz apenas audible, "pero no pueden ser diferentes".

Durante un largo momento, permanecieron en mero silencio, asimilando la realidad de su situación. No había futuro para ellos, ni final feliz. Su amor, aunque puro de corazón, estaba condenado desde el principio. —Siempre te amaré, Sophia —dijo Thomas, con la voz quebrada—.

—Y yo a ti, Tomás —respondió Sophia, con el corazón destrozado por cada palabra—.

Con un último beso prolongado y acalorado, Sophia y Thomas se separaron, sabiendo que nunca se volverían a ver. Sophia observó cómo Thomas desaparecía en la noche, su alta figura se desvanecía en las sombras, dejándola sola bajo los magnolios. En los meses que siguieron, la vida de Sophia se convirtió en una cáscara de lo que una vez había sido. El peso de su culpa y vergüenza la oprimía cruelmente, y aunque buscó consuelo en la iglesia, no encontró consuelo. Su fe, una vez inquebrantable, se había fracturado por las decisiones que había tomado, y ya no podía reconciliar las enseñanzas religiosas de su infancia con los deseos de su corazón roto. Su padre, desconsolado por todo el escándalo, se retiró de sus deberes como predicador, incapaz de enfrentar el juicio de la comunidad. La familia de Sophia se convirtió en parias, y la vida modesta pero feliz que habían llevado fue destruida. Sofía trató de seguir adelante, de encontrar la paz en el conocimiento de que había amado, incluso si terminaba en tragedia, vergüenza, pero los recuerdos de Thomas todavía la perseguían, y el conocimiento de que su amor había sido malo, al menos a los ojos de Dios y de la sociedad, atormentaba su alma. Con el paso de los años, Sofía se retiró del mundo, retirándose a sí misma, su espíritu una vez brillante se vio empañado por el peso de sus malas decisiones. Nunca se casó; nunca encontró la felicidad que había anhelado. En cambio, vivió sus días en tranquila soledad, su corazón marcado para siempre por el amor que había perdido, el amor que nunca podría tener, y aunque oraba por perdón, por redención, nunca pudo deshacerse por completo de la sensación de que, al elegir amar a Tomás, no solo lo había perdido a él, sino a sí misma. Al final, los magnolios de Savannah se erigieron como testigos mudos de su trágico amor, un amor que nunca pudo ser, pero que nunca sería olvidado.

Reflexiono sobre las mañanas que pasé en la tranquilidad de mi habitación en la casa del burdel, leyendo poesía y varios pergaminos de papel sobre muchos temas diferentes, con el sol saliendo sobre los tejados de Nueva Orleans, mientras compartía un desayuno tranquilo conmigo mismo. Pasarían horas antes de que las risas llenaran el lugar de abajo, mientras sentía el peso de la soledad arrastrarse, esperando el momento al anochecer en que Melissa saliera de su habitación. Echaba de menos la sencillez de esos primeros días con ella. Sin embargo, junto a los buenos recuerdos, había un trasfondo de muchos remordimientos que me carcomían. Había tomado una decisión en un momento de rabia y desesperación, una decisión que había alterado irrevocablemente el curso de mi vida. ¿Podría haber sido de otra manera? ¿Podría haber salvado a Melissa en lugar de acabar con su vida de no-muerta? Estos pensamientos a menudo permanecían en los rincones de mi mente, envueltos en un velo de melancolía. Había estado tan cegada por el dolor de perder a Patrick y enterarme de la muerte de mi madre, que no había logrado reconocer la profundidad de las propias luchas de Melissa, su dolor. Mientras miraba fijamente este espejo de plata vintage que me regaló Melissa, vi no solo mi propio reflejo, sino los ecos de un amor perdido para siempre, uno que había moldeado mi propio ser. ¿Podría haberla perdonado alguna vez por las cosas, el dolor que me causó?

En el silencio de mi hotel, me permití recordar, celebrar el vínculo que una vez compartimos, al tiempo que reconocía el camino más oscuro que se abría ante mí. Los recuerdos, las pocas risas que compartimos, las conversaciones nocturnas, las historias que contaba y las penas compartidas se entrelazaban como enredaderas alrededor de mi corazón de muerto viviente, un testimonio de la compleja relación que había construido con Melissa en medio de las sombras de una era oscura. Y, mientras continuaba el viaje eterno de mi propia existencia, esperaba poder encontrar un pequeño rayo de paz, tanto para mí como para el fantasma de Melissa que aún persistía dentro de mí, un recordatorio del vago amor que una vez tuvimos, un amor que ardía con un fuego tenue, ahora entrelazado para siempre con el misterio de nuestro destino compartido.

Capítulo 5

Al reflexionar sobre estar en el salón tenuemente iluminado de la casa del burdel, rodeada por el peso de su historia y el tenue aroma a incienso, que Melissa siempre quemaba por todo el lugar, encontré consuelo en un mundo tejido con meras palabras. Fue aquí, entre los lujosos cojines de terciopelo y las velas encendidas, donde Melissa me introdujo en el arte de la poesía oscura, un reino donde las almas podían vagar libremente, sin el estorbo de las cargas de nuestra mera existencia. Recuerdo la primera vez que me entregó un cuaderno de cuero gastado con papel pergamino manchado, con las páginas amarillentas y deshilachadas en los bordes. "Aquí es donde las sombras susurran, Maria Grace", decía Melissa, su voz era una melodía suave que me envolvía como un cálido abrazo. "Escribe lo que sientes, mi querida mía, deja que tu corazón sangre en las páginas".

Su aliento encendió un fuego dentro de mí, pasaríamos innumerables noches acurrucados en esas sillas de terciopelo, el aire cargado de mucha creatividad mientras garabateaba mis pensamientos y emociones en las páginas, junto con muchas de las palabras que Melissa citaría. Melissa elaboraba sus propios versos en estas páginas, su pluma emplumada se deslizaba sin esfuerzo por el papel amarillento. La atmósfera estaba cargada de una sensación de respeto y comprensión, un espacio sagrado donde nuestros miedos y deseos internos se fusionaban en algo hermoso.

Mientras vivo aquí, en el silencio de mi habitación de hotel, todavía miro estas viejas páginas de este cuaderno de cuero con su papel amarillento y descolorido, una pieza preciada de los días pasados. Recuerdo las palabras de Melissa: "La poesía es un reflejo de nuestras almas", decía, con sus ojos esmeralda encendidos de pasión, "nos permite enfrentarnos a las noches más oscuras, encontrar sentido a nuestro dolor. Cada línea es un pedazo de nosotros, un vistazo a las profundidades de nuestro mero ser".

Al reflexionar sobre este recuerdo de Melissa, mi mente me recuerda la noche en que Melissa me contó un par de cuentos de hadas tontos...

La luna colgaba como una linterna fantasmal sobre los bosques oscurecidos, proyectando hilos plateados de luz a través de los árboles esqueléticos. En lo más profundo del corazón sombrío del bosque oculto, donde pocos se atrevían a aventurarse, se alzaba un claro velado por la niebla. Allí, bajo robles centenarios y sauces susurrantes, era donde ella lo esperaba a él, Elara, una criatura del crepúsculo y el rocío, un hada cuyas alas brillaban como estrellas atrapadas en las garras de la medianoche. Estaba radiante, luminosa de una manera que desafiaba a la naturaleza y era embriagadora. Su piel sostenía el brillo de la luz de la luna y sus ojos reflejaban la profundidad de cielos secretos. Para cualquier ojo humano, ella era una visión más allá de la imaginación, etérea y de otro mundo. Nicolás, un joven sin ningún renombre en particular, había conocido a Elara por un giro del destino, o tal vez el destino había querido que sus caminos se cruzaran, aunque ninguno de los dos se atrevía a adivinar qué propósito. Cada noche se alejaba sigilosamente de los límites de la pequeña aldea, pasando por altos muros de madera destinados a proteger, hacia los bosques ocultos a los que la gente de la aldea tenía prohibido entrar. Los funcionarios de la aldea le advirtieron de criaturas que atraían a los hombres a la ruina, de hechiceras que prometían el cielo pero entregaban el infierno, sin embargo, Nicolás llegó, atraído por una fuerza que no podía nombrar, un dolor que no podía negar. Al entrar en el claro del bosque escondido, se le cortó el aliento. Elara estaba esperando, sus alas eran un suave resplandor en la espesa niebla. Ella sonrió, esa sonrisa que parecía contener tanto alegría como tristeza. Nicholas se acercó a ella, con las hojas crujiendo bajo sus pies. —Elara —susurró, su voz era una mezcla de asombro y verdadero anhelo—, estoy aquí.

Elara extendió la mano, apenas rozando su mejilla. Su tacto era frío, como el primer aliento del amanecer. —No deberías haber venido aquí, Nicolás.

—¿Pero cómo no iba a hacerlo? Él respondió, sus ojos escudriñando los de ella, llenos de promesas tácitas. "Mi corazón solo te pertenece a ti, Elara."

Elara cerró sus frágiles ojos, dolorida. "Tú, mundo... y la mía... No están hechos para tocarse, para combinar. Los ancianos de mi mundo dicen que me desvaneceré si permanezco demasiado tiempo en el mundo de los hombres". Su voz tembló, quebrándose ligeramente. —Y tú envejecerás, Nicolás. Tú envejecerás, y yo..."

Nicholas la silenció con un cálido beso, capturando la tristeza en sus palabras, sellándolas. Estaban entrelazados, dos almas inigualables que se aferraban contra el peso de sus mundos muy diferentes. Elara se echó hacia atrás, su aliento como una canción persistiendo en el aire húmedo y fresco. —Si se enteran, nos destrozarán, Nicolás. Me arrastrarán de vuelta a mi mundo oculto de hadas, y tú... Te verán como una amenaza".

—¿De qué amenaza soy, Elara? —preguntó con amargura. "Solo soy un hombre que se atrevió a amar a una hermosa criatura demasiado maravillosa para las palabras".

Una ráfaga de viento hizo crujir los árboles a su alrededor, como si el bosque mismo susurrara advertencias. A Elara le temblaban las alas; Su resplandor parpadeó a medida que su determinación flaqueaba. Sabía que los ancianos habían empezado a sospechar; Habían comenzado a vigilarla de cerca, sintiendo que se alejaba del camino que estaba destinado para ella. —Tienes que irte, Nicholas —murmuró Elara, con lágrimas en los ojos—, si nos descubren, no tendrán piedad. Borrarán todo recuerdo de mí de tu mente humana".

—Que lo intente —replicó Nicolás con fiereza—, estás grabado a fuego en mi alma. Podrían arrancar las estrellas del cielo, y aún recordaría tu luz, el brillo de tus alas y el brillo de tus frágiles ojos".

Elara se estremeció, agarrándose la mano como si quisiera sostenerlo allí, para salvar el abismo que los separaba, pero sabía que la noche estaba llegando a su fin, y los de su especie no podían permanecer bajo los cielos humanos al amanecer. Si se demoraba demasiado, se perdería en su mundo, se convertiría en una mera sombra de lo que era como un hada, un tenue destello hasta que finalmente se desvaneciera. Un repentino chasquido de ramas los sobresaltó a ambos. De la tenue oscuridad emergieron figuras, seres altos y espectrales, con los ojos fríos como la luna. Los ancianos supremos del reino de Elara habían venido a por ella, con sus coloridas capas arrastrándose como susurros por el suelo. —Basta —entonó uno de los ancianos con voz hueca y antigua—, has quebrantado las leyes de nuestra especie, Elara. El mundo humano no es nuestro para habitar en él, y tú, mortal..." El anciano volvió su mirada atrevida hacia Nicolás, "la olvidarás, perderás todo recuerdo de Elara después de esta noche".

—¡No! —exclamó Elara, aferrándose a Nicolás, pero su figura ya empezaba a difuminarse, como si estuviera atrapada entre dos mundos. Ella se acercó a él y sus dedos se deslizaron como niebla a través de los suyos.

—¡Elara! Nicholas se atragantó, con la voz quebrada mientras intentaba gritar: "¡No me dejes, no así!"

Pero los ancianos la tiraron hacia atrás mientras ella parpadeaba, con las manos levantadas, tejiendo hechizos de hadas tan antiguos como el tiempo. Ella lo miró por última vez, con el rostro marcado por la angustia y la figura desvaneciéndose como los últimos destellos de una estrella moribunda.

—Siempre te recordaré, Elara. —susurró Nicolás, sus palabras eran una súplica, una promesa—.

Y entonces, Elara se fue, así como todos los ancianos. Estaban a salvo dentro de su mundo oculto.

Al despuntar el alba sobre el bosque abandonado, Nicholas cayó de rodillas, mirando el espacio vacío donde había estado Elara. Su corazón se sentía vacío, como si le hubieran arrancado una parte de él. El pueblo no tardaría en agitarse, y él regresaría con el fantasma de un amor muy prohibido, un amor perdido para él, perdido en los bordes de un mero mito, y cada noche llegaba a la claridad del bosque escondido esperando, esperando, gritando un nombre que no podía recordar quién era ella. Elara. Gritándolo en el silencio interminable, sabiendo en su alma que alguien con ese nombre significaba algo para él, y que ella estaba en algún lugar más allá, escuchando sus gritos.

El otro cuento de fantasía que Melissa me contó...

La tierra de Eirwald era salvaje y traicionera, con colinas brumosas y bosques antiguos que susurraban magia y misterio. En los confines de las montañas, donde solo los más valientes se atrevían a vagar, vivía un dragón, una criatura tan antigua como la tierra misma. Sus enormes escamas brillaban con tonos de medianoche y acero, y sus grandes ojos sostenían la sabiduría de muchos siglos. Era un feroz protector de las tierras salvajes, un guardián silencioso de muchos secretos enterrados en las sombras, pero no era una criatura desprovista de corazón. Su alma, aunque blindada por las escamas y el fuego, era muy tierna, y con el tiempo llegó a amar a una mujer humana, un amor que era como amar como un padre a su hijo. Se llamaba Althea, una mujer de espíritu y gracia, con el pelo del color de las hojas de otoño y los ojos como estanques verdes de bosques. La primera vez que se encontró con el dragón fue en la quietud de las montañas, un encuentro fatídico bajo un cielo cargado de lluvia. Extrañamente asustada, se había acercado a la majestuosa bestia, una criatura mágica, con el corazón atraído por su fuerza silenciosa y su mirada vigilante. Althea se había alejado demasiado mientras soñaba despierta, con las fuertes lluvias acercándose necesitaba refugio, fue entonces cuando encontró al dragón, acurrucado en una cueva grande y húmeda. En su presencia, el dragón sintió una paz que no había conocido en mucho tiempo. Su conexión única se profundizó con cada encuentro, a partir de entonces, unidos por un entendimiento tácito y un sentimiento compartido de soledad interior. Pero otro hombre, uno de los cazadores del pueblo, también se sintió atraído por Althea. Su nombre era Rhys, un hombre guapo con un encanto que enmascaraba algo más oscuro. Era ambicioso, codicioso y veía a Althea como un premio que poseer en lugar de un alma que apreciar. La obsesión de Rhys con Althea creció, y cuando descubrió que ella se aventuraba a las montañas con frecuencia para encontrarse con el dragón, una pizca de celos retorció su corazón. Para él, el dragón era un rival, un monstruo que le impedía hacer lo que más deseaba. Rhys le había advertido: —Esa criatura, ese dragón feroz, es extremadamente peligroso, Althea. Algún día se volverá contra ti; Los dragones son bestias de fuego y mucha hambre, no lealtad".

Pero Althea se limitó a negar con la cabeza: —No lo entiendes, Rhys. Nunca me ha hecho daño. Él solo quiere mi verdadera amistad y que me proteja, que proteja estas tierras, y él... Es más noble de lo que te imaginas.

La mirada de Rhys se oscureció, "Estás cegado por una criatura, una bestia, a la que no le importa nada más que su propio poder".

Esa noche, cuando Althea regresaba de su visita rutinaria a las montañas, encontró a Rhys esperándola junto a su cabaña. Su comportamiento era extrañamente diferente, más frío, y sus ojos brillaban con algo muy amenazador. —No nos permitirá estar juntos —dijo Rhys, con voz baja y amarga—. "Esa bestia ha envenenado tu mente, simplemente lo sé. Esa criatura tiene que estar muerta.

Althea dio un paso atrás, súbitamente inquieta, —No es así, Rhys. El dragón es mi amigo, mi protector. Hay una oscuridad en ti que él ha visto, que yo también he empezado a ver".

Ante sus palabras, el rostro de Rhys se contorsionó de rabia. Antes de que ella pudiera reaccionar, Rhys se abalanzó, sus manos se extendieron hacia ella con una intención alejada del amor, pero en ese momento, una sombra masiva descendió y el suelo tembló mientras un poderoso rugido resonaba en todo el valle. El dragón había llegado, sus escamas brillaban a la luz de la luna como una armadura. Rhys se quedó paralizado, su rostro se retorcía de terror. Con un solo golpe de la enorme cola del dragón, envió a Rhys al suelo. Se volvió hacia Althea, suavizando su mirada, instándola a que se quedara atrás. Observó, con el corazón palpitante, dividida entre el horror y el alivio mientras el dragón la defendía, revelando su verdadera naturaleza. Porque había sabido de la oscuridad interior de Rhys, había sentido la crueldad enmascarada por el encanto del hombre. Rhys se puso en pie a trompicones, recuperó la compostura, agarrando una daga, "Pagarás por esto, monstruo", escupió, lanzándose contra el dragón con desesperación.

Pero las garras del dragón se encontraron con el avance de Rhys, terminando con un rápido golpe final. El silencio se apoderó del claro, cerca de la cabaña donde se encontraba Althea, con el cuerpo temblando y el corazón dolorido de horror, porque, a pesar de todo, una vez se había preocupado un poco por Rhys. El dragón, su centinela silencioso, la miraba, con tristeza evidente en sus antiguos ojos. La había salvado de una vida ligada a un hombre de malicia oculta, pero sabía el dolor que sus acciones acababan de causarle. Al despuntar el alba sobre las colinas, se arrodilló al lado del dragón, apoyando su mano en su cuello escamoso. —Viste su oscuridad interior cuando yo no podía —susurró Althea con la voz quebrada—, y sin embargo... Mi corazón se siente roto".

El dragón bajó la cabeza, su suave estruendo fue un sonido de arrepentimiento y mucha comprensión. Había esperado protegerla de cualquier daño, incluso si eso significaba llevar su dolor en su corazón mágico. Aunque las palabras estaban más allá de él, sus ojos tenían una promesa silenciosa: él seguiría siendo su único protector, su amigo, siempre, protegiéndola de peligros que tal vez nunca viera. Porque en la angustia de Althea, algún día podría encontrar la curación, pero el dragón estaría ligado a ella para siempre, una criatura de fuego y lealtad en un mundo que no entendía tal devoción.

Melissa a menudo compartía conmigo sus propias obras de poesía, poemas impregnados de los temas del amor, la pérdida y la naturaleza agridulce de la inmortalidad. "Escucha", decía, mientras comenzaba, con voz baja y melódica, recitando las líneas que permanecían en el aire mucho después de haberlas pronunciado...

"En las sombras profundas, donde habitan los secretos,
Camino por la línea del Cielo y el Infierno,
Con colmillos de anhelo y corazón de piedra,
Vago a través de la oscuridad, siempre solo".

Los versos fluían de sus labios como una canción de cuna inquietante, resonando dentro de mi alma, despertando algo que aún no había entendido. Cada palabra llevaba el peso de sus experiencias, encapsulando la esencia misma de su vida inmortal, sin embargo, yo no era consciente de ello en ese momento. Me sentaba, embelesado, mientras ella desvelaba las capas de su alma a través de su poesía, la conexión entre nosotros se profundizaba con cada momento compartido. A medida que las noches se convertían en semanas, comencé a encontrar mi propia voz de poesía. Melissa me guió con un suave aliento, ayudándome a dar forma a mis emociones crudas en versos que hablaran de las sombras que tenía dentro, mientras garabateaba las palabras en el papel amarillento, ella decía: "Deja que tu dolor, tu alegría, tus sentimientos más profundos se conviertan en tu arte".

Mientras luchaba con mis sentimientos internos tratando de colocarlos en las páginas, Melissa susurraba mientras miraba: "Transforma todas las emociones oscuras en algo brillante, algo hermoso".

Una noche, en determinadas superficies de mi mente, la luna proyectaba un resplandor plateado a través de la vidriera, iluminando el salón con una luz etérea. Melissa y yo nos sentamos una frente a la otra, el silencio solo interrumpido por el sonido de nuestros bolígrafos emplumados arañando las páginas descoloridas. Sentí una oleada de inspiración y comencé a leer mi última creación de palabras en voz alta, con la voz temblorosa pero decidida...

"En las profundidades de la noche, vago perdido,

Atormentadas por ecos, las sombras repujadas,

El amor que se escurrió entre mis manos temblorosas,

Dejándome a la deriva en arenas olvidadas.

Melissa escuchó atentamente mis palabras, con una sonrisa orgullosa adornando sus labios, "Hermosa, Maria Grace", dijo, con la voz cargada de emoción. "Capturas la esencia del anhelo tan perfectamente en esas palabras, tu dolor parecía parte de ti, pero no te define. Tus palabras son mucho más que tristes".

Esos momentos de paz, rodeados por el consuelo de esas palabras, forjaron un vínculo más profundo entre nosotros que nos hizo sentir seguros, protegidos. La poesía se convirtió en nuestro refugio, un santuario donde podíamos expresar nuestros pensamientos más íntimos sin tener que relatar todo nuestro significado, sin miedo a ser juzgados. Compartimos nuestras esperanzas y miedos a través de los versos de poesía que creamos, dando vida a lo desconocido que nos amenazaba con lo que estaba por venir. Debajo de la tranquilidad yacía una tensión tácita, el conocimiento de que nuestro tiempo juntos era fugaz. A medida que me sintonizaba más con mi propia voz, también sentía el peso de las cargas de Melissa presionándola. Sentí el dolor que la rodeaba, una sombra inquebrantable que permanecía fuera de la vista... —¿Alguna vez te has sentido atrapada por tus propias palabras, Melissa? Le pregunté una noche, con la curiosidad despertada por la complejidad de sus emociones: "¿Puede la poesía realmente liberarte, o te ata a las meras palabras que expresas en las páginas?"

Melissa consideró la pregunta que le hice, su mirada distante, sumida en sus pensamientos: "Las palabras pueden ser tanto cadenas como alas, Maria Grace. Pueden atarnos a nuestro pasado, pero también pueden elevarnos más allá de él. El truco está en saber manejarlos. A lo largo de los años he aprendido a abrazar lo sombrío, a usarlo como un medio de expresión, pero no siempre es fácil".

En esos momentos de honestidad, sentí un profundo respeto por Melissa y sus indecibles luchas internas. Había forjado una vida llena de belleza y mucha desesperación, pero permanecía asfixiada, manteniéndose firme en su búsqueda de un significado romántico. Anhelaba comprenderla por completo, ahondar en las profundidades de su alma, pero sabía que algunos secretos estaban destinados a permanecer ocultos, sin descubrir, siendo siempre un misterio.

Al mirar hacia atrás ahora, en realidad aprecio esas tardes pasadas en el salón de la casa del burdel, las risas débiles y los susurros compartidos flotando en el aire como el aroma del incienso dulce. La poesía que Melissa y yo creamos se convirtió en un tapiz de nuestras experiencias juntas, junto con una mezcla de su pasado desconocido y doloroso, un testimonio de nuestra conexión poco ortodoxa en medio de la oscuridad que nos rodeaba en secreto. Incluso después de su ausencia, los versos que escribimos juntos siguen resonando en mi mente. Sirven como un recordatorio, un recuerdo preciado, del amor contaminado que compartimos, la belleza que surgió de ese dolor y el frágil vínculo que una vez iluminó nuestras vidas. En el corazón del Barrio Francés, donde las sombras se demoran en cada esquina y los recuerdos se entrelazan, me aferro a estas palabras del pasado, a esta poesía, sabiendo que siempre serán parte de mí, un reflejo de una amistad perdida, un amor perdido, que dio forma a mi viaje inmortal hasta ahora.

Me viene a la mente otra anécdota que Melissa me contó una noche, mientras practicábamos nuestra poesía juntas...

'Un oscuro cuento romántico ambientado en Nueva Orleans... 'El último versículo de Pablo'... El Barrio Francés palpitaba de vida, sus callejuelas estaban impregnadas de historia, misterio y al ritmo de la música jazz. Los balcones de hierro forjado se hundían bajo el peso de las enredaderas y las diversas flores, proyectando sombras intrincadas en los callejones empedrados de abajo, y el aire húmedo de Nueva Orleans parecía zumbar con muchos secretos, secretos susurrados en la quietud de la noche, envueltos en el espeso perfume del jazmín. Fue aquí, en este laberinto de belleza mística y decadencia, donde Paul la vio por primera vez, Priscilla. Ella se convertiría en su musa, su obsesión y su ruina. Pablo no era un hombre hecho para la longevidad, aunque sus palabras podrían haber sobrevivido a los siglos. Era un poeta de oficio, un artista melancólico con los dedos manchados de tinta y un corazón que albergaba un pozo interminable de melancolía. En los tranquilos rincones del Barrio Francés, a menudo se podía encontrar a Paul garabateando versos, poesía, en cuadernos desgastados por el uso, bebiendo absenta bajo el resplandor de linternas antiguas. Su trabajo fue admirado pero nunca famoso, apreciado en silencio por unos pocos mecenas selectos que vieron la profundidad en sus palabras, aunque tal vez no la oscuridad que carcomía al hombre mismo. Estaba pálido, demacrado, un hombre cuya vitalidad parecía desvanecerse lentamente como los colores de una fotografía que se desvanece. Pero sus ojos, azules como el crepúsculo justo después de la puesta del sol, conservaban un fuego que insinuaba lo que una vez fue, lo que podría haber sido. Fue en una lectura de poesía en un pequeño café escondido donde vio por primera vez a ella, Priscilla. Era radiante en la forma en que los viejos mitos hablan de las mujeres que llevarían a los hombres a la locura, peligrosas, incognoscibles y hermosas más allá de la razón. Su cabello negro, espeso como la noche misma, caía en cascada por su esbelta espalda, enmarcando su rostro con un brillo etéreo bajo la luz de las velas. Las palabras de Paul vacilaron en sus labios cuando ella entró en la habitación, porque no se parecía a nadie que hubiera visto jamás. Había algo inquietante en Priscilla, tal vez era su sonrisa, una sonrisa que insinuaba tanto diversión como una tristeza silenciosa, o tal vez era la forma en que parecía moverse por el mundo como si todo fuera temporal, como si estuviera destinada a algo más allá. Paul no sabía entonces qué lo atraía tan irrevocablemente a ella, solo que no tenía otra opción en el asunto. Su corazón, frágil y frágil como era, había encontrado su jaula, y no había escapatoria. Paul se acercó a ella después de su lectura de poesía, con las manos temblando levemente mientras sostenía una copia de su cuaderno. Estaba de pie cerca de la ventana, mirando el mundo exterior con una expresión ilegible. El aire entre ellos se sentía eléctrico mientras él cruzaba el suelo, cada paso cargado con el peso de algo desconocido.

—Señorita Priscilla —la voz de Paul vaciló mientras hablaba, su corazón latía tan fuerte que estaba seguro de que ella podía oírlo—. "Yo... Quería agradecerles por venir esta noche. Significa mucho para mí que alguien como tú esté aquí para escuchar".

Priscilla se volvió hacia él, sus labios se curvaron en la misma media sonrisa que ya había comenzado a consumir sus pensamientos, —Paul —dijo en voz baja, su voz suave como la seda, pero bordeada por algo parecido a la tristeza—, Tus palabras... Son hermosos, muy conmovedores, pero no están completos".

Paul parpadeó, confundido, "¿No está completo?"

—Escribes sobre el amor como si fuera un sueño lejano —replicó Priscilla, acercándose, sus ojos escudriñando su rostro como si pudiera ver más allá de la superficie—. —Pero el amor no es un sueño, Paul. Es una tormenta, un fuego, es algo que te destroza y te rehace en sus cenizas".

Sus palabras le impactaron profundamente, porque resonaban con una verdad que siempre había conocido pero que nunca se había atrevido a reconocer. Siempre había escrito sobre el amor como si fuera algo que se pudiera admirar desde lejos, demasiado peligroso para tocarlo. Pero allí estaba ella, Priscila, hablando del amor como si fuera la csencia misma de la destrucción, y sin embargo, él lo quería. La quería, a toda ella. Los días se convirtieron en semanas, y Paul se vio inextricablemente atraído por el mundo de Priscilla. No se parecía a ninguna mujer que hubiera conocido, con una mente que bailaba entre los reinos de los vivos y los muertos. Juntos, vagaron por el Barrio Francés en la oscuridad de la noche, con la niebla arremolinándose alrededor de sus pies como los espíritus inquietos de la ciudad misma. La poesía de Pablo cambió; se volvió mucho más oscuro, más visceral, como si Priscilla hubiera abierto una puerta en su alma que había mantenido sellada durante demasiado tiempo. Sus noches estaban llenas de conversación y silencio por igual, los cuales Paul encontraba embriagadores. Priscilla hablaba de la muerte como si fuera una vieja amiga, como si la entendiera de una manera que nadie más podía. —El amor y la muerte —decía ella, con voz como un susurro en las sombras—, son dos caras de la misma naturaleza. Amar es cortejar a la muerte, Pablo.

Él escuchaba, embelesado, incluso cuando algo dentro de él dolía al saber que se estaba perdiendo ante ella. Había momentos en los que podía sentir que su enfermedad lo arañaba, su respiración era superficial, su corazón débil, pero nunca se lo dijo. No pudo. Hablar de su enfermedad sería romper la ilusión de invencibilidad que había tejido a su alrededor. Lo único que quería era ser fuerte por ella, ser el hombre que ella merecía, aunque sabía que su tiempo se estaba acabando, podía sentirlo en sus huesos. Con el paso de las semanas, la salud de Paul se deterioró, aunque lo ocultó bien. Priscilla notaba la tos ocasional, la palidez en su piel, el olor que se aliviaba desde el interior de su cuerpo, pero nunca lo presionaba. Tal vez, ella ya lo sabía, tal vez entendió que algo andaba mal, pero a su manera, le permitió su silencio. Su relación se convirtió en amor, y su amor se convirtió en una tempestad, una cosa de belleza y terror, mientras Paul se arrojaba al fuego sin pensar en escapar, pero cada momento de pasión, cada beso robado en las calles oscuras, Paul podía sentir que el final se acercaba. Su cuerpo le estaba fallando, la enfermedad se hacía más fuerte con cada día que pasaba. Los médicos le habían advertido hace muchos meses, no había nada que pudieran hacer, solo el tiempo dirá cuánto tiempo le quedaba. Pero tomó su decisión, no se lo diría a Priscilla. No le permitiría cargar con el peso de su muerte. Una cálida tarde de octubre, Paul y Priscilla se encontraron caminando junto al río Mississippi. La luna colgaba baja en el cielo, proyectando un resplandor plateado sobre la superficie del agua. La respiración de Paul llegaba en jadeos superficiales, aunque lo disimulaba lo mejor que podía. Quería que esta noche durara para siempre. Quería congelar este momento en el tiempo, aferrarse a él antes de que todo se le escapara. —¿Crees en el destino, Paul? —preguntó Priscilla de repente, rompiendo el silencio. Miraba el río, con los ojos distantes.

Paul parpadeó, sorprendido por la pregunta: "No lo sé", admitió. "Siempre he pensado que nosotros hacemos nuestro propio destino, libres de tejer nuestro propio camino con las decisiones que tomamos, pero desde que te conocimos... Ahora no estoy tan seguro.

Ella se volvió hacia él, su mirada atravesó la niebla que parecía asentarse entre ellos. —Creo que siempre estuvimos destinados a encontrarnos, tú y yo —dijo Priscilla en voz baja—. "Pero no creo que estemos destinados a durar".

Las palabras golpearon a Paul como un golpe físico y, por un momento, no pudo respirar. "¿Qué quieres decir?", respondió él, aunque en el fondo ya lo sabía.

—Hay algo en tus ojos —murmuró Priscilla, acercándose a él—, algo roto. Te has estado muriendo desde el momento en que te conocí, ¿no es así?

Paul sintió que el peso de sus palabras se posaba sobre él como un sudario. Quería negarlo, apartar la verdad, pero no podía. Ya no. Su pecho se tensó y, por un momento, pensó que podría desplomarse allí mismo junto a la orilla del río, pero en lugar de eso, la alcanzó, atrayéndola hacia sus brazos. —No quería que supieras nada de esto todavía —dijo Paul con voz ronca—, no quería agobiarte con esto.

Los ojos de Priscilla se llenaron de algo que parecía dolor, aunque no lloró. —Crees que me estás perdonando, pero no es así —susurró ella—. "Has estado muriendo frente a mí todo este tiempo, y no pude detenerlo".

—Creo que te quiero, Priscilla —soltó Paul, con la voz quebrada—, te quiero.

Ella sonrió tristemente, sus dedos fríos trazaron la línea de su mandíbula, "Lo sé, Paul", respondió ella. "Pero el amor no puede salvarte, no esta vez".

La noche se alargó y permanecieron junto al río hasta que las primeras luces del amanecer comenzaron a asomar por el horizonte. Paul se sentía más débil que nunca, sus extremidades pesadas, su respiración superficial y su cuerpo exhausto. Priscilla permaneció a su lado, silenciosa y quieta, como si esperara algo. Fue en esa orilla del río, cuando el sol comenzó a salir, que Pablo finalmente sucumbió a la enfermedad que había estado asolando su cuerpo durante tanto tiempo. Su último aliento fue en los brazos de Priscilla, su última visión fue el suave resplandor de la luz de la mañana en su rostro angelical y lleno de oscuridad, y en ese momento, mientras la muerte lo envolvía con sus fríos brazos, Paul sintió una extraña sensación de paz. Había amado de verdad a Priscilla, había vivido, aunque sólo fuera por un breve y ardiente momento, sabía lo que era el verdadero amor. Priscilla no lloró. Solo lo abrazó hasta que el sol salió por completo, su rostro era ilegible. Luego, lentamente, se puso en pie mientras colocaba el cuerpo sin vida de Paul en el suelo húmedo y miraba hacia el río por última vez antes de alejarse, dejándolo atrás, dejando atrás a un amor, un gran hombre, un poeta excepcional. En las semanas que siguieron, el Barrio Francés continuó su eterna danza de la vida y la muerte, sus secretos ocultos bajo las capas del tiempo, y en los rincones tranquilos de la ciudad, la gente hablaba en débiles susurros del poeta que había amado demasiado, que había escrito sobre la muerte sin entenderla realmente hasta el final. Pero nunca más se volvió a ver a Priscilla. Algunos dicen que abandonó la ciudad, incapaz de soportar el peso de su pérdida, mientras que otros dicen que había sido un fantasma, un ángel o un inmortal, solo un espectro que rondaba las calles de Nueva Orleans, esperando un amor que nunca podría durar. Fuera cual fuera la verdad, una cosa quedaba clara: los últimos versos de Paul, su oscura poesía, seguirían vivos, llevados por el viento a través de los estrechos callejones y a lo largo de las orillas de los ríos de una ciudad que había sido testigo de innumerables historias de amor y pérdida. Para Pablo, el amor había sido tanto su salvación como su destrucción, y al final, había sido lo último sobre lo que había escrito...

'Por Priscilla'

En sombras profundas donde la luz de la luna se desvanece,

Te encontré esperando, envuelto en sombras,

Un sueño, un susurro, oscuro y dulce,

Un amor demasiado feroz para que el tiempo lo mantenga.

Tus ojos, una tormenta, tu tacto, una llama,

Ardé, pero nunca pronuncié tu nombre,

Porque corazones como el nuestro están destinados a caer,

Amar es la muerte, vale la pena,

Así que, toma este aliento, mi súplica final,

En ti, mi amor, mi eternidad.

Los ecos de las últimas y últimas palabras de Pablo persistían en el aire húmedo del Barrio Francés, un epitafio poético de una vida vivida a la sombra del amor y la muerte. En esas calles sinuosas, entre las flores y la niebla, su historia quedaría grabada en el corazón de quienes lo conocieron, un testimonio de la verdad de que el amor, aunque fugaz, puede dejar una huella más profunda que la eternidad misma".

Los cuentos de Melissa a menudo golpeaban mi corazón, pero esta historia que me contó esa noche fue, con mucho, la más profunda, de hecho fue uno de mis cuentos favoritos de los que habló. Aunque no estoy seguro de por qué golpeó mi corazón tan profundamente, siempre he apreciado su significado, su tristeza. Mi mente reflexiona a menudo, pensando si alguna de estas historias era de algún tipo de verdad, si eran las confesiones ocultas de Melissa sobre su pasado.

Capítulo 6

Mientras continúo mirando por la ventana del hotel que una vez sirvió como casa de burdeles, las bulliciosas calles de Nueva Orleans se despliegan ante mí, vibrantes y vivas. El Barrio Francés lleno de turistas con sonidos de risas y charlas mezcladas, sonidos lejanos de música de jazz, una melodía que envuelve la ciudad como un cálido abrazo. Sin embargo, mientras habito en este santuario del hotel, los recuerdos, no puedo evitar reflexionar sobre la transformación que ha tenido lugar dentro de las paredes de este hotel, una metamorfosis que refleja mi propio viaje a través de los siglos.

La casa del burdel había sido una vez el único refugio que había conocido, un refugio para almas perdidas, un lugar donde uno podía venir a buscar empleo, una comida caliente o simplemente un lugar para descansar la cabeza. Prosperó en una época en la que el secreto era moneda de cambio, y el encanto de lo prohibido estaba entretejido en el tejido mismo del Barrio Francés. Recuerdo los pasillos poco iluminados, los pasillos, las conversaciones que se escuchaban débilmente, que resonaban en las habitaciones privadas, y los susurros de la seda contra la piel. Era un mundo lleno de mucha pasión y deseo, pero algo de angustia, un lugar donde aprendí que tanto las alegrías como las tristezas podían chocar.

Con el paso de los años, las normas sociales cambiaron y el mundo comenzó a fruncir el ceño ante los mismos establecimientos que alguna vez habían florecido. El encanto del burdel se desvaneció, eclipsado por el surgimiento de nuevas morales y expectativas, con cada década que pasaba, las sombras se hacían más pesadas y supe que necesitaba adaptarme, reinventarme en un mundo que exigía un cambio. En la quietud de la noche, tomé la decisión que alteraría el curso de mi adaptación. Transformaría mi burdel en un buen hotel, un refugio para los viajeros cansados que buscan consuelo en el corazón de la ciudad. Era un disfraz inteligente, que me permitía retener la historia de estas antiguas murallas mientras abrazaba la era moderna. Mientras caminaba por estos pasillos familiares, imaginé habitaciones más luminosas llenas de más luz solar, aunque nunca llegaría a presenciar el sol brillando a través de las ventanas de estas habitaciones decorativas, la ropa de cama lujosa y el suave zumbido de la risa inocente reemplazando los susurros del deseo.

La transición no estuvo exenta de desafíos. Puse mi corazón y mi alma de no-muerto en las intensas renovaciones, decidido a mantener la misma esencia de lo que había venido antes mientras marcaba el comienzo de una nueva era. Seleccioné colores vibrantes que reflejaran la rica cultura de Nueva Orleans, azules profundos, dorados cálidos y verdes vibrantes, y adorné las paredes con obras de arte que hablaban del espíritu de la ciudad. Cada habitación se convirtió en un tributo a las vidas vividas aquí, una mezcla de elegancia e historia que atraería a huéspedes de todas partes. Dentro de este hito histórico en el corazón del Barrio Francés, aún quedaba el salón, donde compartí tantas noches con Melissa, el salón era la única pieza del lugar, un burdel que alguna vez fue vibrante, que quedó igual. No alteré su diseño, dejé que permaneciera en su forma original, junto con todos mis recuerdos de Melissa.

Sin embargo, bajo la superficie de mis nuevos esfuerzos yacía la realidad siempre presente de mi existencia como un inmortal, un vampiro. Tuve que navegar por el delicado equilibrio entre mantener mi riqueza y preservar el secreto de mi verdadera naturaleza. El hotel floreció, atrayendo a clientes que buscaban el encanto del Barrio Francés, mientras yo permanecía oculto en las sombras como un vampiro acechando bajo la superficie. Después de un tiempo, los mitos sobre los vampiros se convirtieron en entretenimiento, fue entonces cuando comencé a mezclarme y salir más a la superficie durante las horas nocturnas. Me mezclaba con varios invitados, les hablaba y escuchaba de dónde venían, etc. Simplemente asumirían que yo era parte de las festividades y fiestas de disfraces festivas que residen en todo el Barrio de manera regular ahora. Casualmente, cuando el hambre de sangre era insoportable, a menudo me encontraba deslizándome en la noche, envuelto en la oscuridad mientras deambulaba por las calles abarrotadas, entrelazándome con los vivos, los muchos turistas que inundaban Bourbon Street. La energía vibrante que, ahora, abrazaba esta ciudad era a veces embriagadora, un marcado contraste con la soledad que una vez sentí. Observo a los visitantes, así como a los residentes locales, deambular por las calles del Barrio, y a los que entran en mi hotel, con los rostros encendidos de emoción y curiosidad, ajenos a la historia que los rodea. Fue una experiencia agridulce adaptarme a esta nueva cultura, con todos mis recuerdos del pasado aún resonando en los pasillos, un tenue recordatorio de la vida que había elegido, aunque fuera en contra de mi voluntad, una vida llena de sombras y secretos enterrados.

A medida que me asentaba en mi papel nocturno como hotelero, comencé a cultivar relaciones discretas con mis empleados, los contratados para mantener el funcionamiento del hotel, especialmente durante las horas de luz. Sin su conocimiento, mi personal se convirtió en mis ojos y oídos en el mundo, cada uno de ellos inconsciente de las profundidades de mi pasado, de mi verdadera naturaleza. Elegí a personas que resonaban con el espíritu del Barrio Francés, que conocían parte de la historia de mi hotel, cuando una vez fue una casa de burdeles, personas que han escuchado historias débiles del misterio del lugar. Artistas, músicos y soñadores, con la esperanza de mantener viva la esencia, la historia, de la antigua casa de burdeles en su nueva forma. Mis trabajadores dan vida a mi hotel, infundiéndole mucha creatividad y pasión, y encontré consuelo en sus charlas tontas y camaradería.

A pesar de la transformación total del hotel, todavía sentía la pesadez de mi pasado, mi historia, presionándome, mientras los ecos de la risa de Melissa, sus susurros, las sombras de nuestro pasado compartido, aún permanecían en el aire, recordándome las decisiones tomadas y quién era realmente. Había noches en las que me sentaba solo en el salón, trazando con el dedo los muebles restaurados, las sillas de terciopelo, que una vez habían acunado nuestras muchas conversaciones. Leía los poemas que habíamos escrito juntos, dejando que las palabras me inundaran como un bálsamo para mi alma inquieta. En estos momentos de tranquilidad, a menudo reflexionaba sobre el mero precio de la inmortalidad, había creado un tipo de vida llena de belleza, lujo, pero iba acompañada de una corriente subterránea de tristezas pasadas. El hotel se convirtió en un refugio para otros, pero para mí fue mi prisión eterna. Sabía que nunca podría salir de esta morada. Este lugar sirvió como un recordatorio constante del amor, la pérdida, que siempre me marcará. Los recuerdos guardados dentro de este hotel, este burdel que alguna vez fue vibrante, siempre permanecerán, entrelazados con las alegrías del presente, una imagen de lo que me había traído a este punto en mi vida de no-muerto.

Recordé una historia que me contó Melissa durante una de nuestras conversaciones nocturnas...

"Eran los primeros años de 1500 en París, una ciudad donde la historia estaba escrita en piedra y sangre. El Sena serpenteaba por el corazón de esta metrópolis medieval como una vena de vida, sus aguas fluían sin parar, ajenas a las historias grabadas en las mismas paredes de la ciudad. Sin embargo, en medio del ajetreo cotidiano de comerciantes y artistas, había uno que caminaba por las calles estrechas y sinuosas sin ser notado. Se movía con la elegancia de una sombra tenue, sus pasos silenciosos como la noche misma. Elisabeth había sido muchas cosas a lo largo de los siglos: una mujer noble, una cazadora, una buscadora de conocimientos olvidados, pero sobre todo, había sido solitaria. La inmortalidad había demostrado ser un regalo cruel, que le ofrecía interminables años de vida, pero no consuelo para su corazón. Como vampiro, condenada a vivir en la más absoluta oscuridad, había visto a los amantes ir y venir, las amistades florecer y marchitarse, pero ninguno podía resistir la prueba del tiempo como ella. Nadie podía compartir su existencia eterna sin miedo. Su piel de alabastro, no marcada por el paso de los siglos, su larga cabellera de cuervo que fluía libremente detrás de ella como una cascada de medianoche, y sus penetrantes ojos esmeralda le daban una visión de belleza pura y oscura que podía detener a los hombres en seco, pero debajo de esa fina superficie yacía un tormento que ningún mortal, ningún humano, podría comprender jamás. El corazón de Elisabeth estaba tan frío como su piel helada, congelado por la maldición que la ataba a la noche, y sin embargo, a pesar de sus siglos de existencia, un deseo nunca había muerto, el deseo de amor. Hacía tiempo que había dejado de tener esperanzas de alguien que realmente comprendiera su sufrimiento, que compartiera su noche interminable y que pudiera ser lo suficientemente fuerte como para permanecer con ella por la eternidad. Aun así, el doloroso vacío dentro de su corazón de no-muerto no se silenciaría, y así, ella vagó, buscando, anhelando, con un corazón eterno lleno de tristeza y tal anhelo.

La noche era fresca y húmeda mientras Elisabeth vagaba por las sucias calles de París, con los sentidos agudizados por el hambre de sangre que la carcomía por dentro. Hacía varias noches que no se alimentaba, resistiendo la tentación que amenazaba con apoderarse de ella a cada paso. El olor a sangre humana estaba por todas partes, espeso en el aire mientras la gente se arrastraba de un lado a otro, sin darse cuenta del depredador que acechaba entre ellos. Podía oír los latidos del corazón de los transeúntes, podía oler el leve indicio de vida en su piel, pero aun así se resistía. El hambre, la culpa cada vez que se alimentaba era brutal, pero había aprendido que este hambre se podía controlar, al menos por un tiempo. Aun así, siempre fue igual de difícil resistirse. París a principios de 1500 era una ciudad de contradicciones, la grandeza de Notre-Dame se asomaba en la distancia, sus torres se elevaban contra el cielo oscurecido, un símbolo de la aspiración y la devoción humanas. Pero en las sombras de sus poderosas torres, las calles estaban llenas de muchos mendigos, ladrones y almas perdidas. Elisabeth había visto cómo se desarrollaba todo, había visto cómo la ciudad cambiaba y cambiaba, pero una cosa había permanecido constante: su aislamiento. Se movió entre la multitud, desapercibida como siempre, sus ojos escudriñando los rostros a su alrededor. Buscó algo que aún no había encontrado en todos sus años inmortales, alguien que realmente pudiera verla, verla de verdad, por lo que era. Pero el miedo al rechazo pesaba mucho en su corazón de no muerto. Ningún ser humano podría aceptar jamás al monstruo en el que se había convertido, no sin miedo o repulsión, y sin embargo, su corazón, aún aferrado a los últimos jirones de su humanidad, se negó a abandonar la búsqueda. Fue en una tranquila callejuela, lejos del bullicio de los mercados y las tabernas, donde lo vio por primera vez. Estaba de pie bajo una farola parpadeante, de espaldas a ella, pero incluso desde la distancia, Elisabeth podía percibir algo diferente en él. Era alto, con el pelo oscuro y alborotado y un aura de melancolía que parecía reflejar la suya. Había una quietud en él, una quietud que la atraía, y antes de que se diera cuenta, sus pies se movían hacia él, como si una fuerza invisible se hubiera apoderado de ella, como si estuviera simplemente flotando en el aire. Su corazón de no-muerto, que no había latido durante siglos, se aceleró con anticipación. ¿Podría ser este el indicado? ¿Podría ser esta la misma alma que finalmente entendería su soledad? Sabía que la idea era absurda y, sin embargo, no podía dejar de tener esperanzas. Cuando ella se acercó, él se volvió. Sus miradas se encontraron y, por primera vez en siglos, Elisabeth sintió la chispa de algo que había creído muerto hacía mucho tiempo. Sus ojos eran de un azul profundo y tormentoso, llenos de una tristeza que reflejaba la suya propia. En ese momento, el mundo a su alrededor pareció desmoronarse y, por primera vez en casi toda la vida, no se sintió del todo sola.

Se llamaba Lucien y, al igual que Elisabeth, también había conocido la pérdida. Había llegado a París en busca de consuelo tras la muerte de su amada, una mujer a la que había amado más que a la vida misma. Hablaba de ella a menudo, con la voz cargada de mucho dolor, y Elisabeth se sintió atraída por su tristeza. Era un dolor que ella comprendía muy bien. Noche tras noche, Elisabeth y Lucien se encontraban bajo la misma farola, conversando hasta que las primeras luces del alba amenazaban con ahuyentarla. Lucien era un poeta oscuro, sus palabras estaban impregnadas de una tristeza que reflejaba la suya propia. Hablaban de amor, de pérdida, del cruel paso del tiempo y, poco a poco, Elisabeth empezó a sentir que algo se agitaba dentro de su cuerpo inmortal, algo que no había sentido en muchos, muchos años. Elisabeth se permitió tener esperanzas de que tal vez Lucien pudiera ser el único hombre que llenara el vacío eterno que la había carcomido durante tanto tiempo. Tal vez, solo tal vez, podría amar de nuevo, pero en el fondo, sabía la fría verdad, nunca podría ofrecerle la vida que realmente merecía. Era una criatura de la noche, condenada a vivir siempre en la oscuridad, y por mucho que deseara estar con Lucien, sabía que su naturaleza siempre se interpondría en el camino.

A pesar de su buen juicio, Elisabeth se enamoró de Lucien. Sus palabras amables, su fuerza tranquila y la forma en que parecía verla de verdad, más allá del monstruo en el que se había convertido; Era más de lo que había esperado, pero con cada noche que pasaba, el hambre de sangre en su interior se hacía más insistente. Hacía semanas que no se alimentaba, y cada vez le resultaba más difícil resistir la malvada tentación que la mera presencia de Lucien despertaba en su interior. Se había jurado a sí misma que nunca le haría daño, a diferencia de todos los demás que amaba en el pasado, que no dejaría que la bestia interior arruinara la única cosa que le había traído un poco de felicidad en siglos, pero el hambre se estaba volviendo implacable, y con cada noche que pasaba, sentía que su control se desvanecía.

Lucien, ajeno al peligro en que se encontraba, continuó encontrándose con Elisabeth noche tras noche. Se sintió atraído por ella de una manera que no podía explicar. Había algo misterioso en ella, algo oscuro y místico, que lo llamaba. No se parecía a ninguna mujer que hubiera conocido, hermosa, sí, pero había algo más. Había tristeza, una profunda tristeza en sus ojos huecos que él reconoció, una soledad que se hacía eco de la suya. Nunca imaginó que podría volver a amar a alguien, pero ahora, después de conocer a Elisabeth, podría ser realmente posible. Una noche, mientras estaban junto al Sena, Lucien le cogió la mano. Elisabeth se estremeció ante el cálido contacto y se apartó antes de que él pudiera sentir la frialdad de su piel, pero Lucien no se desanimó. —Elisabeth —dijo él, con voz suave en la oscuridad de la noche de luna—, ¿por qué me alejas?

Elisabeth lo miró, con el corazón invicto dolorido por el peso de la verdad que nunca podría contarle. ¿Cómo podía explicar el monstruo malvado que acechaba dentro de ella? ¿Cómo podía decirle que había vivido durante muchos siglos, alimentándose de la sangre de los seres mortales inocentes y no tan inocentes, malditos para caminar sola por esta tierra por toda la eternidad? —No puedo darte lo que deseas, Lucien —dijo ella, su voz apenas era más que un susurro—, no soy lo que crees que soy.

Lucien frunció el ceño, sus ojos buscaron respuestas en los de ella, − No me importa lo que seas, Elisabeth. Me importa quién eres, y sé que hay algo más en ti que esta tristeza que pareces cargar".

Elisabeth se dio la vuelta, con el corazón apesadumbrado por las palabras que acababa de pronunciar. ¿Cómo podía hacérselo entender? ¿Cómo podría decirle la verdad sin perderlo para siempre? —No puedo —murmuró ella, con voz temblorosa—, no puedo amarte, Lucien. No de la manera que tú quieres que lo haga.

Incluso mientras decía las palabras, sabía que eran una mentira, lo amaba y podía amarlo de la manera que él deseaba, pero él no entendería realmente su naturaleza y huiría con miedo, como los demás en el pasado, y ella tendría que terminar con su existencia, tal como en el pasado. Lo había amado desde el momento en que lo había visto, pero su amor era una cosa peligrosa, una cosa oscura y retorcida que solo podía traer dolor y sufrimiento. Lucien se acercó, sus manos tocaron con gracia su mejilla helada, "Entonces déjame amarte, Elisabeth. Déjame ser yo quien se lleve tu tristeza, tu soledad".

Por un breve momento, Elisabeth se permitió creer que realmente podía funcionar, que podrían encontrar la felicidad juntos, pero el hambre de sangre dentro de ella se hacía más fuerte a cada minuto, y supo que era solo cuestión de tiempo antes de que perdiera el control de él. Ella retrocedió rápidamente, rompiendo la conexión íntima entre ellos, "¡No puedo!" repitió sus palabras, su voz más fuerte esta vez, "¡Simplemente no entiendes!"

Fue en una noche de tormenta, cuando la lluvia caía a cántaros y las calles de París estaban desiertas, cuando el mundo de Elisabeth se vino abajo. Había evitado a Lucien durante varias noches, sabiendo que su control del hambre de sangre se estaba desvaneciendo, que la criatura dentro de ella se estaba volviendo más difícil de domesticar, pero no podía mantenerse alejada de él para siempre. Lucien finalmente la encontró junto al río, donde habían pasado tantas noches juntos. Su rostro estaba pálido, sus ojos llenos de una mezcla de confusión y un ligero miedo, —Elisabeth —dijo con voz nerviosa—, lo sé.

El corazón invicto de Elisabeth pareció detenerse de nuevo, "¿Qué sabes, Lucien?"

—Te lo dije antes, te he visto —murmuró—, he visto qué y quién eres realmente.

Sabía que el mundo parecía inclinarse bajo sus pies. Sabía lo que era. Lo que más había temido había sucedido, y ahora no había vuelta atrás. Realmente no quería perderlo ni tener que terminar con su existencia. —Te he visto —continuó Lucien, con la voz apenas audible por encima del sonido de la lluvia—. "Vi que te alimentabas de alguien".

La sangre inmortal de Elisabeth parecía helarse. Había sido cuidadosa, muy cuidadosa. No pudo contener más su hambre y tuvo que salir a quitar una vida, pero de alguna manera, él la había visto en el acto, había sido testigo de la criatura malvada, el monstruo que realmente era. Interrumpiendo su pensamiento interior, —No me importa —dijo Lucien, acercándose con una confianza decidida y nerviosa—. "No me importa lo que realmente seas, Elisabeth, te amo, seas malvada o no".

Sus palabras atravesaron su corazón de no-muerto como una daga. Él la amaba, incluso después de ver la oscuridad que acechaba dentro de ella, la amaba, pero ella sabía que el amor no era suficiente. Nunca sería suficiente. —No lo entiendes —susurró Elisabeth, con la voz entrecortada, mientras una lágrima de sangre rodaba por su fría mejilla—, soy inmortal, Lucien. No puedo amarte sin el miedo de destruirte".

Lucien negó con la cabeza, sus ojos se llenaron de mucha desesperación, "Entonces, tendrás que aprovechar esa oportunidad, destruirme si es necesario", dijo, su voz se elevó con emoción, "Preferiría ser destruido por ti que vivir sin ti".

Elisabeth podía sentir que el hambre subía a lo más profundo de su ser, mientras percibía el olor de la sangre de Lucien en sus fosas nasales. Podía sentir a la bestia interior, al demonio interior, abriéndose camino hacia la superficie. Parecía que había luchado contra él durante tanto tiempo, que la tentadora necesidad de saborear la sangre perfumada de Lucien había resistido su atracción, pero ahora, de pie frente a él, el hombre que amaba, sabía que no podía luchar más. "No puedo", murmuró, lágrimas de sangre corriendo lentamente por su rostro, "no puedo hacer esto".

Lucien, sin darse cuenta de su lucha interior, se acercó, rodeándola con los brazos en un abrazo desesperado, —Te quiero, Elisabeth —dijo, rozando con sus labios su fría oreja—, te quiero de verdad, y nada cambiará eso jamás.

El hambre de sangre rugió dentro de ella, más fuerte que nunca. Podía sentir cómo sus colmillos se alargaban, podía sentir que la oscuridad la superaba y, en ese momento, supo lo que tenía que hacer. Con un grito de angustia, lo apartó, su cuerpo temblando con el esfuerzo de contener el mal destino que este hambre ultrajada podría desatar. —Vete —dijo ella, con la voz ronca por la emoción—, ve, antes de que sea demasiado tarde para ti, Lucien.

Pero Lucien no se movió. Él se quedó allí, firme, con los ojos fijos en los de ella, su amor por ella brillando a través de la oscuridad, "No te voy a dejar", dijo, audazmente con su voz firme y valiente.

Elisabeth podía sentir que lo que le quedaba de control perdía su control, no podía luchar más contra él. Su olor a sangre era demasiado fuerte. Con un grito de desesperación, se abalanzó sobre Lucien, hundiendo sus colmillos profundamente en su cuello. El sabor de su sangre llenó su boca y, por un momento, este hambre de sangre se sacia. Mientras bebía su sangre, se dio cuenta de lo que había hecho. Ella se apartó, el horror la inundó al sentir la increíble sensación de su sangre correr por su cuerpo. Miró el cuerpo sin vida de Lucien, lo había matado. La única persona que la había amado de verdad a pesar de la criatura oscura que era, la única persona que la había hecho sentir viva de nuevo, se había ido.

Elisabeth estaba de pie junto al río, con la lluvia aún cayendo a su alrededor. La ciudad de París se extendía ante ella, indiferente a su dolor, como había sido indiferente a los siglos de soledad que había soportado. Había amado y, al hacerlo, había destruido lo único que le había importado. Cuando la lluvia dejó de caer, después de que Lucien fuera arrebatado a Lucien, Elisabeth encontró un pequeño trozo de papel en su puño, desmenuzado, pero legible...

'A mi amada oscura'

Te amé en las sombras profundas,

Donde la luz y la esperanza ya no se arrastran,

Tus ojos, un espejo de la noche,

Una belleza nacida de un tizón sin fin.

Besé tus labios de hielo y piedra,

Pero sabía que la tumba se llevaría por sí sola,

Porque en tus brazos, sentí el frío,

El dolor de siglos indecible.

Aun así, daría mi aliento fugaz,

Gustar tu amor, aunque esté atado por la muerte,

Porque aunque me desvanezca en polvo,

Mi alma te encontrará, como debe ser.

En la oscuridad, estamos destinados a separarnos,

Sin embargo, tú permaneces, mi corazón roto.

Durante los siglos venideros, Elisabeth vagaría por las oscuras calles de París, atormentada por el recuerdo del hombre que la había amado de verdad, que no le temía. Lo buscaría frente a extraños, pero nunca lo encontraría. El amor que había buscado durante tanto tiempo se le había escapado de las manos, y ahora estaba verdaderamente sola en la cruel locura de su mente inmortal. El hambre de sangre, la oscuridad, la maldición de la inmortalidad, serían sus únicos compañeros a partir de ahora, y a medida que pasaran los años, llegaría a comprender que la verdadera maldición de la inmortalidad no eran los interminables años de vida, sino el dolor interminable de perder a la persona que amaba, la que se llevó su propia codicia, por la mera lujuria de la sangre humana. Y así, Elisabeth, la vampira que había amado y perdido, vagaría para siempre por las sucias calles de París durante las noches por toda la eternidad, una sombra entre sombras, siempre buscando, buscando, un amor que nunca podría ser realmente suyo.

Volviendo a mi realidad, mientras todavía me detengo en mi ventana, reflexiono sobre el cuento de Melissa. La mera tristeza sigue consumiendo mi corazón de no-muerto incluso ahora. Sin embargo, cuando la luna se eleva sobre los tejados del Barrio Francés, supe que me había hecho un espacio aquí, un santuario donde podría existir en mis dos mundos. El hotel, un símbolo de mi resiliencia, fue un testimonio de mi capacidad para adaptarme, para resurgir de las cenizas de mi pasado mientras me aferraba a los recuerdos que me definieron. Y así, continuaré abrazando la paradoja de mi mera existencia, tejiendo los hilos del amor, la pérdida y el renacimiento mientras voy a la deriva a través de la delicada danza entre los vivos y los muertos. En el corazón de este Barrio

Francés de Nueva Orleans, donde las sombras y la luz chocan, encontré una apariencia de paz, aunque tenue, sigue siendo un pequeño santuario donde los ecos de mi pasado no olvidado podrían coexistir con la vitalidad del presente.

Capítulo 7

A medida que la luz de la luna continuaba filtrándose a través de las cortinas de encaje de mi habitación de hotel, proyectando delicados patrones en el piso de madera, mis pensamientos se volvieron hacia mi único amor verdadero, Patrick, el hombre que había entrado en mi vida como una brisa de verano y se había desvanecido con la misma rapidez, dejando un vacío que nunca intentaría llenar de nuevo. Todavía recordaba la forma en que su cabello rubio arenoso atrapaba la luz del sol, el brillo de una travesura seductora en sus ojos verdes que siempre parecían prometer aventuras. Nuestros breves momentos juntos habían sido electrizantes, pero el amor que compartíamos se sentía como una vela parpadeando en el viento, contra la inmensidad de una noche fría.

En el fondo de mi mente, una historia que Melissa me contó una vez resonó sobre mis pensamientos sobre Patrick, una historia de amantes desafortunados condenados por el destino. Había pintado un cuadro de pasión y mucha pérdida, su voz, según recordaba, teñida de nostalgia y tristeza... —En otro tiempo —había dicho—, había una pareja, dos almas, destinadas a estar juntas, pero destrozadas por fuerzas que escapaban a su control. Amaban profundamente, pero el universo conspiraba contra ellos...

En 1597, Nueva Orleans era todavía un sueño sin forma, una ciudad que se elevaba desde las tierras pantanosas y con un futuro velado por el misterio. El aire era sofocante, espeso de humedad, y el aroma de los cipreses y el agua salobre se aferraba al viento. Por la noche, la ciudad susurraba secretos antiguos, un lugar donde los límites entre los vivos y los muertos, lo natural y lo sobrenatural, eran tan delgados como el musgo español que colgaba de los viejos robles. El Barrio Francés, con sus calles estrechas y patios escondidos, ya era un lugar donde la magia pulsaba bajo la superficie. Atraía a todo tipo de personas: aventureros, comerciantes, místicos y aquellos que buscaban una vida más allá de los rígidos límites del Viejo Mundo. Aquí, el destino y el destino tenían su propio tipo de poder, y en el corazón de esta floreciente ciudad, dos almas, Matthew y Victoria, estaban unidas por un amor tan profundo, tan consumidor, que incluso el universo mismo conspiraría para separarlos.

Mateo siempre había sido un hombre marcado por la oscuridad. Provenía de una antigua familia criolla, su linaje enredado con los misterios de la tierra. Su madre, conocida por su conocimiento de las hierbas y los susurros de lo invisible, lo había criado con historias de espíritus, maldiciones y presagios, pero a pesar de su conexión con lo sobrenatural, Matthew tenía un aire de melancolía, una soledad que se había instalado en lo más profundo de él como una sombra. A los veintinueve años, había heredado el oficio familiar de la navegación, trabajando a lo largo del río Mississippi, donde pasaba sus días transportando mercancías para la creciente población de Nueva Orleans. Sin embargo, prefería la noche, cuando la ciudad se sumía en un silencio silencioso y las oscuras aguas del río parecían reflejar el cielo. Fue durante una de esas noches cuando la vio por primera vez, Victoria.

Victoria no se parecía a nadie que Matthew hubiera visto jamás. Se movía por las calles del barrio con una gracia casi etérea, su larga cabellera negra como el cuervo le caía por la espalda, su piel pálida como la luz de la luna con el telón de fondo de la noche húmeda, sus ojos, profundos y oscuros, parecían contener muchos secretos más antiguos que la propia ciudad. Llevaba un vestido de color índigo oscuro, con la tela detrás de ella como el cielo nocturno, salpicado con el brillo de las estrellas. Era hija de un poderoso comerciante francés, su familia era bien conocida entre la alta sociedad de Nueva Orleans, aunque la propia Victoria siempre pareció apartada del mundo que habitaba. Estaba destinada a casarse con uno de los socios comerciales de su padre, un hombre cruel que buscaba el poder y la riqueza por encima de todo.

En el momento en que Matthew la vio, el mundo a su alrededor pareció desvanecerse, como si el tiempo mismo se hubiera detenido para permitir su encuentro. Estaba de pie en la esquina de Royal Street, observándola desde las sombras, casi como un simple acosador. Cuando sus ojos finalmente se encontraron, algo se movió en el aire viciado, como si una fuerza invisible hubiera unido sus almas. Ninguno de los dos habló, pero algo pasó entre ellos, un reconocimiento, como si se hubieran conocido en otra vida, en otro tiempo. Era simplemente como "amor" a primera vista. Victoria se detuvo, su mirada se detuvo en Matthew. Sus labios se entreabrieron, pero no salieron palabras. En lugar de eso, se limitó a asentir tímidamente con la cabeza, reconociendo la conexión que ahora parecía unirlos, y luego, con la misma rapidez, desapareció en la noche, dejando a Matthew allí, sin aliento y cambiado.

A partir de esa noche, Matthew y Victoria se sintieron atraídos el uno por el otro, encontrándose en secreto bajo el manto de la oscuridad. El mundo a su alrededor parecía disolverse cuando estaban juntos, abrazados, el peso de sus vidas, sus obligaciones, olvidados en los suaves susurros de su amor secreto. Se reunían en patios escondidos, lejos de las miradas indiscretas del padre de Victoria y del hombre con el que estaba prometida, un cruel propietario de una plantación llamado Renault. Era un hombre de inmenso poder y riquezas, conocido por sus tratos despiadados y su hambre de control. Poco le importaba la felicidad de Victoria; Para él, ella era un premio, un medio para asegurarse una mayor influencia. Pero en esos momentos sagrados, Matthew y Victoria encontraron ese consuelo. Se sentaban junto al río, observando el reflejo de la luna ondular sobre el agua, o caminaban por las espesas calles envueltas en niebla del Barrio Francés, perdidos en la intensidad de su pasión, pero, desde el principio, sabían que su amor estaba condenado, imposible de tener. Había fuerzas en juego que ninguno de los dos podía comprender completamente, fuerzas más antiguas que la propia Nueva Orleans, entretejidas en el tejido mismo de la tierra. La familia de Victoria estaba profundamente involucrada en la política del viejo mundo, y su padre había hecho oscuros pactos con hombres influyentes para asegurar su posición en la colonia. Matthew, aunque trató de ocultarlo, cargó con un oscuro legado propio, una maldición transmitida a través de su familia criolla que lo marcó como diferente. Su madre le había advertido, desde que era un niño pequeño, que su linaje familiar estaba maldito. Estaban atados a los espíritus del pantano, atados a la voluntad de fuerzas que no podían ser vistas ni tocadas. Matthew nunca había creído realmente sus historias, pero cuanto más tiempo pasaba con Victoria, más sentía el peso de algo trágico e invisible que lo oprimía.

Una noche, mientras Matthew y Victoria estaban sentados bajo la sombra de un gran roble, con el musgo español cubriéndolos como una cortina, Victoria se volvió hacia Matthew con cálidas lágrimas en los ojos. —No podemos seguir así, Matthew —susurró ella, con voz temblorosa—, mi padre nunca nos dejará estar juntos, para construir cualquier tipo de futuro, y Renault... Es un hombre peligroso. Si se entera de nosotros, te matará".

Matthew tomó sus frágiles manos entre las suyas, con el corazón cargado por el peso de sus palabras: —No me importa lo que digan, Victoria. No te perderé, no por ellos".

Las lágrimas se deslizaron por sus pálidas mejillas, "Pero hay más... algo más. Hay algo... algo oscuro que nos sigue, Mateo. No puedo explicarlo, pero puedo sentirlo, desde que nos conocimos. Ha estado ahí, acechándonos en las sombras. Es como... como si el universo mismo no quisiera que estuviéramos juntos".

Mateo también lo sintió. La sensación de ser observado, de algo invisible que se mueve justo más allá del borde de su percepción. El aire a su alrededor siempre parecía volverse más frío cuando estaban juntos, las sombras más profundas, pero él se negaba a creer que su amor fuera solo un error, prohibido serlo. A medida que su amor y su relación crecían, se profundizaban, también lo hacían las fuerzas invisibles que trabajaban en su contra. El padre de Victoria, Armand, no era un hombre que se pudiera cruzar. Había construido su fortuna sobre la base de la sangre y el engaño, haciendo que los tratos con hombres tan despiadados como Renault y otros fueran aún más peligrosos. Desconocido para Victoria, su padre también estaba vinculado al lado más oscuro de Nueva Orleans, el mundo secreto del vudú y los ritos antiguos que prosperaban bajo la superficie de la ciudad. Había hecho pactos, promesas de sangre, con poderosos practicantes, prometiendo a su hija a Renault a cambio de protección y prosperidad, mero poder y riquezas. Renault tampoco era un hombre cualquiera. Incursionó en la magia negra, usando su riqueza e influencias para controlar no solo a los vivos, sino también a los espíritus oscuros de los muertos. Se rumoreaba que tenía el poder de invocar a los loa, los espíritus del panteón vudú, y doblegarlos a su propia voluntad, y estaba muy al tanto de la aventura de Victoria con Matthew.

Una noche, mientras Victoria y Matthew se encontraban en secreto al borde del pantano, Renault hizo su movimiento. Con la ayuda de una sacerdotisa vudú, lanzó un hechizo vinculante, atrapando el espíritu de Matthew en una red de magia oscura. La maldición era muy antigua, diseñada para separar a las almas gemelas, para mantenerlas separadas por la eternidad. Victoria sintió el cambio oscuro de inmediato. Había estado esperando a Matthew junto al pantano cuando un viento frío y helado barrió los árboles, y la noche se volvió repentinamente quieta y opresiva. La calidez familiar de la presencia de Matthew había desaparecido, reemplazada por una abrumadora sensación de oscuro temor. El pánico se apoderó de su corazón mientras lo buscaba, llamándolo por su nombre en la oscuridad absoluta, pero Matthew no se encontraba por ningún lado. Era como si simplemente hubiera desaparecido del mundo, su propia esencia extraída de la realidad.

Los días se convirtieron en semanas, y aún así, no había rastro de Matthew. Victoria estaba consumida por mucha tristeza, mucho dolor, y su espíritu, una vez vibrante, se marchitaba bajo el peso de la ausencia de Matthew. Se negaba a creer que realmente se había ido para siempre, segura de que algo mucho más oscuro, malvado, era el culpable. Desesperada por encontrar algunas respuestas, Victoria recurrió a la única fuente que se le ocurrió, la sacerdotisa vudú, Marie Laveau, una mujer poderosa de la que se decía que tenía mucho conocimiento del mundo de los espíritus. Marie Laveau había vivido en el barrio durante muchos años, y su reputación era a la vez temida y respetada. Era conocida por su capacidad para comunicarse con los muertos y doblegar la voluntad de los espíritus a sus órdenes. Cuando Victoria llegó a la pequeña cabaña de Marie, poco iluminada, en lo profundo del pantano, la sacerdotisa parecía estar esperándola. El aire dentro de la cabaña estaba cargado con el olor a mucho incienso y hierbas secas que colgaban por todo el techo, y el parpadeo de varias velas proyectaba sombras largas y espeluznantes en las paredes. —Buscas al que se ha perdido —dijo Marie antes de que Victoria pudiera hablar—.

Victoria asintió, su voz nerviosa con un ligero miedo, "Mi Matthew... Se ha ido. No sé qué le pasó, pero lo siento. Todavía está por ahí en alguna parte".

Marie Laveau la estudió durante un largo momento, sus ojos oscuros eran ilegibles, "La persona que buscas, la que amas ha sido tomada por la magia negra, una magia que no puedes comprender, niña. Su alma está atada, atrapada entre mundos de tinieblas".

El corazón de Victoria se aceleró: "¿Puedes traerlo de vuelta? ¿Puedes salvarlo?

Marie negó con la cabeza, "No es tan simple, niña. Se le ha colocado una magia muy oscura, magia oscura que ha sido marcada y utilizada para separarlos a los dos, magia más antigua que esta tierra misma, niña. Deshacerlo requeriría un sacrificio, uno que podría costarte tu propia alma".

A Victoria no le importaba, haría cualquier cosa para salvar a Matthew, para volver a estar con él, incluso si eso significaba enfrentarse a la oscuridad misma. Marie Laveau condujo a Victoria a través de la oscuridad del pantano, a un lugar donde el velo entre los mundos era delgado, un lugar donde los muertos y los vivos podían encontrarse. Bajo la luz de la luna llena, Marie comenzó el ritual sagrado y prohibido, invocando al loa para que guiara el espíritu de Matthew de regreso al mundo de los vivos, pero a medida que avanzaba el ritual, algo salió muy mal. El aire se volvió más pesado y la noche que una vez fue pacífica se volvió violenta, con fuertes vientos aullando a través de los árboles. Formas oscuras se movían en las sombras espeluznantes, los espíritus que Renault había convocado para mantener atrapado a Matthew luchaban contra la magia de Marie. Victoria podía sentir la presencia de Matthew, pero era débil, como si él la estuviera llamando desde una gran distancia. Podía verlo, pero estaba lejos y era casi fantasmal. Ella extendió la mano, con el corazón dolorido por el esfuerzo, desesperada por atraerlo de vuelta a ella. Pero en ese momento, se le presentó una elección. La voz de Marie

Laveau, baja y llena de urgencia, cortó el caos: "Debes decidir, niña. Para traerlo de vuelta, debes ofrecer tu alma en su lugar. ¿Estás dispuesto a pagar este precio?"

Victoria no dudó: "Sí. Lo que sea necesario, lo haré. ¡Solo tráelo de vuelta!"

Marie asintió sombríamente y completó el ritual, atando el alma de Victoria a la oscuridad a cambio del regreso de Matthew.

Mateo regresó, pero no como antes. Había sido cambiado por la magia oscura que lo había atrapado, su naturaleza una vez cálida y amorosa, ahora fría y distante. Victoria también había sido alterada. Aunque su sacrificio lo había traído de vuelta, su alma había sido marcada por la oscuridad maligna que había abrazado. Estaban juntos de nuevo, pero su amor ya no era la fuerza pura y devoradora que había sido una vez. En cambio, estaba contaminado, agobiado por el precio que ambos habían tenido que pagar. Al final, el universo había conspirado para separarlos, y aunque habían luchado contra él, realmente habían perdido. Su amor, una vez destinado a trascender el tiempo y el espacio, había sido roto por la oscuridad, por la magia negra, más allá de su control. Y así, permanecieron en Nueva Orleans, atormentados por los ecos de lo que una vez tuvieron, con sus almas unidas pero desgarradas para siempre. Era simplemente un amor que no estaba destinado a ser".

Esta pequeña historia hizo que mi mente se retorciera a esa noche espantosa... Fue durante una de esas sesiones nocturnas de narración de cuentos, con el aire cargado de incienso y la tormenta rugiendo afuera mientras los relámpagos cruzaban los cielos oscuros, que sentí por primera vez el aguijón de la comprensión, de lo que significaba amar ferozmente pero enfrentar una pérdida inevitable. Podía ver claramente el rostro de Patrick en esa historia, la brillante chispa de nuestra conexión reflejada en los trágicos destinos de esos amantes ficticios, de los que hablaba Melissa, pero nada comparado con el dolor crudo que sentí la noche en que Patrick desapareció de mí para siempre. Ese día había comenzado con mucha inspiración, debía salir con mis finanzas al mediodía, cuando él llegaría con el carruaje que nos llevaría lejos de la casa del burdel y de Melissa, pero nunca apareció. El carruaje nunca llegó, y nunca más se supo de Patricio. Todos los sueños compartidos, los secretos que se contaban unos a otros y los planes para un futuro juntos, ahora se sentían como una cruel ilusión, mientras el sol colgaba orgulloso ese día, calentando mi piel mientras esperaba impaciente frente a la casa del burdel en el Barrio Francés. Entonces, con la misma rapidez con la que comenzaron todas estas esperanzas, todo terminó. Todavía puedo recordar el escalofrío que se apoderó de mi corazón cuando Melissa me llamó a su habitación, más tarde esa noche. Sus ojos esmeralda, por lo general tan vibrantes, estaban nublados por una sombra que nunca antes había visto. —Maria Grace, querida —dijo, su voz más suave que el susurro de la seda—, Patrick se ha ido. Él... No va a volver".

La desesperación inundó mis sentidos, un océano de dolor se estrelló sobre mí mientras me hundía en el suelo, mi corazón se rompía, "¿Qué quieres decir? Acaba de irse. Él no lo haría... ¡No me abandonaría así!" Mi voz temblaba de furia, la incredulidad se retorcía a través de mi pecho como una enredadera estrangulando una delicada flor.

Melissa se arrodilló a mi lado, atrayéndome hacia su abrazo, su piel fría contra la mía, un crudo recordatorio del mundo que habitaba ahora, "A veces, los hilos del destino están más allá de nuestro control", murmuró, acariciando mi cabello, "Él te amaba, Maria Grace, pero hay fuerzas en este mundo que no podemos entender".

En ese preciso momento, la odié por sus palabras crípticas, pero necesitaba su consuelo más que nunca. Melissa me abrazó fuerte, su presencia era una medicina para mi corazón destrozado, pero no pude escapar de la realidad de mi pérdida. Era una tragedia entretejida en mi propio ser, un dolor que me perseguiría durante los siglos venideros.

Más tarde, como medio de consuelo, Melissa me regaló un espejo de plata vintage, una pieza de mano que brillaba bajo la luz de las velas. Lo sentía pesado en las palmas de las manos, una carga y un tesoro. El marco ornamentado estaba grabado con diseños intrincados, como enredaderas retorcidas que parecían cobrar vida bajo la punta de mis dedos. Tracé con gracia los patrones distraídamente, hipnotizado por la forma en que capturaba no solo mi reflejo, sino la esencia de mi dolor.

—Mantenlo cerca, Maria Grace —dijo con su voz suave, reconfortante pero autoritaria con un tono serio—, contiene recuerdos del pasado y vislumbres del futuro. Es un recordatorio de lo que eres, de lo que siempre serás. La leyenda dice que este espejo, este espejo, es especial. Es el único espejo que existe, donde un inmortal, un vampiro, puede ver su reflejo".

Guiñándome un ojo, Melissa besó la parte superior de mi cabeza con sus labios congelados, me reí de sus últimas palabras mientras me miraba en el espejo. Ahora me doy cuenta de que ella estaba diciendo la verdad acerca de este espejo. Al ver mi reflejo en el espejo, vi no solo mi rostro juvenil, sino los ecos de una vida casi extraña. Fragmentos de mi infancia entraban y salían de foco, el cálido abrazo de mi madre, el aroma a lavanda que siempre llenaba nuestro hogar. Poco a poco recordé a mi madre sentada en el jardín, elaborando deseos en delicados pedazos de papel, su sonrisa se arremolinaba en el aire mientras los quemaba en la llama del pequeño fuego, instando al humo a llevarlos alto al cielo, a llevar sus sueños más allá del universo, "Cada deseo tiene el poder, cariño, Ella me decía, con un tono suave como una brisa de verano, "pero debes creer con todo tu corazón".

Esos momentos olvidados con mi madre estaban regresando, esos recuerdos tan agridulces, su calidez contrastaba con el vacío al que ahora me enfrentaba. Casi podía oír su voz susurrando a través de los años, instándome a encontrar la felicidad, a encontrar mi alegría, en medio de mi tristeza.

Pero mis pensamientos volvieron a esa noche espantosa, una noche fatídica, cuando recibí este regalo del espejo de Melissa, una noche que lo había cambiado todo. Seguía siendo el recuerdo más vívido, incluso ahora. A medida que los recuerdos de mi madre inundaban mi mente, mientras sostenía este frágil espejo en mis manos, lo recordé todo, finalmente, todo salió a la superficie. Recordé estar enfermo, como un frágil niño, con el cuerpo destrozado por mucho dolor, la oscuridad opresiva de la habitación aquella noche horrible, el sonido lejano de la voz de mi madre mezclándose con los susurros frenéticos del espantoso médico. Había creído que me estaba escapando, muriendo, atrapado en una neblina de fiebre y miedo. Y luego estaba Melissa, apareciendo como una figura envuelta en un manto a la sombra de la noche, como un ser misterioso, su cabello oscuro, vorazmente negro, cayendo en cascada como una cascada a su alrededor. Se arrodilló junto a mi cama, junto a mí, con una mirada penetrante pero tranquilizadora, mientras me llevaba un dedo a los labios, cubierto con una gota de su sangre, "Solo unas gotas, hija mía. Esto te sanará".

A pesar de que sentí la gravedad de sus acciones, no le tenía mucho miedo, ya que chupaba con avidez las gotas de sangre de su dedo. Mi madre, que dormía a mi lado, se había agitado, con los ojos entreabiertos al ver lo que estaba pasando: "¡No! ¿Qué le estás haciendo a mi hija? ¿Quién eres tú? Mi madre gritó, pero ya era demasiado tarde.

Los colmillos de Melissa perforaron la vena de mi madre en su cuello, y observé con horror cómo le quitaban la vida. Congelado todavía por el miedo, no podía moverme. La sangre, mi salvavidas, mezclada con el horror de lo que acababa de presenciar se sentía grotesca, un cruel giro del destino que me ataba a Melissa de una manera que nunca podría entender. En ese momento, sentí que el mundo se fracturaba, mi corazón se rompía por mi madre, incluso cuando mi propio cuerpo se llenó de la vitalidad que Melissa me otorgó. Después de que terminó, después de que mi madre yacía sin vida en la cama a mi lado, me envolví en el firme abrazo de Melissa: "Ahora estás a salvo, querida", susurró, su voz como una canción de cuna inquietante, "No estarás sola. Siempre estaré contigo, ahora, y cuidaré de ti".

En ese momento de desesperación, en medio de las sombras de tal pérdida, encontré un ancla en su promesa, un salvador, un mentor. Melissa me acogió, me crió como si fuera suyo y me aferré a ella como si fuera un salvavidas. La casa del burdel se convirtió en mi nuevo hogar, un lugar donde podía empezar a olvidar, a aprender los matices de mi nueva vida.

Sin embargo, incluso con el paso de los años, nunca olvidé el sacrificio que había forjado nuestro vínculo, las vidas entrelazadas por el amor y la pérdida, y el espejo de plata, pesado en mi mano, ahora reflejaba no solo mi imagen, sino el peso de toda mi historia. Era un recordatorio de los caminos que había recorrido, las decisiones que me vi obligado a tomar y la huella indeleble de aquellos que había perdido en el camino. Por alguna extraña razón, otra de las historias de Melissa surgió en mi mente...

"Se trata de un amor que trasciende la vida y la muerte, frente a la belleza atemporal de Sicilia. Una mujer llamada Aurelia, era un ser enérgico de ascendencia siciliana, que se encontró con un enigmático vampiro llamado Vittorio. A pesar de las barreras entre sus mundos, su amor creció. Aurelia queda embarazada, lo que enciende una mezcla de esperanza imposible y miedo, pero la tragedia golpea durante el parto. Vittorio queda devastado cuando ella y su hijo por nacer se escapan. Abrumado por el dolor eterno, decide poner fin a su existencia inmortal en el mismo paisaje bañado por el sol donde habían compartido su amor.

Dentro del pequeño pueblo siciliano de Italia, las leyendas de figuras extrañas y encantadoras vagaban tan comúnmente como la brisa cálida. Aurelia, una mujer joven y hermosa conocida por su curiosidad y gran belleza, había escuchado las historias desde que era una niña. Los aldeanos hablaban de espectros que caminaban de noche, malditos para vagar hasta el fin de los tiempos. Ella los descartó como cuentos tontos destinados a mantener a los niños adentro después del anochecer, pero una noche fatídica, mientras el sol se ocultaba en el horizonte, conoció a Vittorio.

Vittorio no se parecía a nadie que hubiera visto antes. Su rostro era inquietantemente hermoso, con ojos que brillaban como la luz de la luna en el Mediterráneo. Su voz era baja y aterciopelada, y su presencia exudaba un aura de tristeza y sabiduría. Atraída por una fuerza inexplicable, Aurelia se encontró embelesada. Se fijó en su piel fría, en la forma en que evitaba el contacto del sol y en el peculiar silencio que caía cada vez que se acercaba. En lo más profundo de su corazón, intuía que era uno de esos seres espectrales de leyenda, pero su miedo se mezclaba con algo peligrosamente cercano al anhelo. Cada noche, Aurelia se encontraba vagando por el acantilado, donde Vittorio aparecía a menudo para observar las estrellas. Los dos hablarían de la vida, de la eternidad y de muchos sueños perdidos. Para Vittorio, que había caminado a través de los siglos, su vibrante visión de la vida era un bálsamo para su alma inmortal, y para Aurelia, su misterio y dulzura eran como un elixir adictivo. Lo que comenzó como una curiosidad pasajera se convirtió rápidamente en una pasión a la que ninguno de los dos pudo resistirse.

Con el tiempo, el afecto de Aurelia por Vittorio se convirtió en algo tan absorbente que desafió la razón. Podía ver más allá de las escalofriantes verdades de su existencia, su maldición de la eternidad y la cruel oscuridad que arrastraba. El pueblo murmuraba sobre el extraño joven con el que pasaba las noches, pero Aurelia no les prestaba atención. La isla entera podría volverse contra ella, y ella aún preferiría elegirlo a él. Una noche, bajo el resplandor de la luna llena, Vittorio finalmente confesó su verdadera naturaleza. Habló de su maldición, de su eterna hambre de sangre, de sangre humana, y de la soledad que lo atormentó a través de los siglos. Aurelia escuchó, sin inmutarse. Ella vio a través de su dolor y solo se volvió más decidida a estar más cerca de él. —Si solo tengo tiempo de un mortal para amarte, que así sea —declaró ella con feroz lealtad—.

Vittorio estaba asombrado, aterrorizado y profundamente conmovido. Contra todo su buen juicio, cedió al amor mortal que Aurelia le ofrecía. Durante meses, vivieron en secreta alegría, sus afectos, su amor una delicada flor que florecía en las sombras oscuras. Cada beso, cada contacto íntimo, se sentían más vibrantes, sabiendo que podría ser el último, y luego, una noche, descubrieron que ella estaba embarazada. Vittorio podía sentir la sangre nueva, oír los débiles latidos de otra persona dentro de ella. La noticia fue tan milagrosa como aterradora. Vittorio nunca había imaginado que tal cosa fuera posible. Creía que su especie, su inmortalidad de muertos vivientes, no podía crear vida. Sin embargo, allí estaba ella, Aurelia, su amada, llevando dentro de sí a un niño que formaba parte de él. El embarazo trajo su cuota de desafíos. La fuerza de Aurelia disminuyó, su espíritu, una vez brillante, pareció atenuarse lentamente mientras su cuerpo luchaba por dar a luz al hijo de un vampiro. Vittorio trató de disimular su miedo, permaneciendo a su lado, mientras luchaba por contener su hambre de sangre, llevándole remedios y buscando desesperadamente cualquier medio para asegurar su supervivencia y la del niño por nacer. En el fondo, sabía que esta niña exigiría del cuerpo mortal de Aurelia más de lo que ella podía soportar. Lo mismo que debería haber sido un símbolo de su amor ahora se estaba convirtiendo en una amenaza.

A pesar de la mala salud de Aurelia, apreciaba al niño que crecía dentro de ella. Tocaba su vientre sensible y sonreía, soñando con un niño que llevara su corazón y la eternidad de Vittorio. Ella le susurró sobre una vida juntos, una en la que podrían ser una verdadera familia, pero Vittorio solo podía escuchar en silencio, con el corazón astillado al saber que ella se alejaba más de él cada noche. Cuando finalmente llegó el momento, el frágil cuerpo de Aurelia no pudo resistir la agonía del parto. Luchó con valentía, agarrando la mano de Vittorio, con el aliento entrecortado y desesperado. Vittorio, que había visto la muerte en innumerables formas, nunca había conocido tanto miedo como ahora. El silencio que cayó cuando ella cesó su respiración fue el sonido más cruel que jamás había escuchado.

La pequeña habitación se llenó de un silencio escalofriante mientras Vittorio sostenía la forma inmóvil y sin vida del niño. Su corazón de no-muerto se rompía con cada segundo, el peso de su interminable vida inmortal presionaba como una lápida. El rostro pacífico de Aurelia parecía estar simplemente dormida, pero él sabía que se había ido para siempre. El amor que había acariciado, el calor que había calmado su alma inmortal, se le había escapado por toda la eternidad. Durante varias horas, Vittorio permaneció a su lado, atormentado por los recuerdos de su risa, la forma en que ella lo había llamado de vuelta de su desolación. Ahora, esos momentos se habían ido, dejándolo con nada más que una eternidad de vacío. Se llevó la mano fría y sin vida a los labios, susurrando un último adiós, con la voz quebrada por el dolor. Mientras colocaba suavemente al pequeño, frágil y sin vida del niño junto a la madre, Vittorio derramó una lágrima de sangre por su rostro.

En su desesperación, los pensamientos de Vittorio se oscurecieron dentro de él, sabía que no podría soportar el interminable período de tiempo sin ella. Aurelia había sido su único vínculo con el mundo, la única luz en su oscura existencia. Ahora esa luz se había ido, y con ella, el deseo de continuar, de existir. Al amanecer, cuando el sol comenzaba a salir sobre las colinas de Sicilia, Vittorio caminó hacia el acantilado donde se habían conocido por primera vez. El cielo cambió de negro a un delicado tono púrpura, luego a un naranja brillante, mientras el sol se preparaba para coronar el horizonte. Podía sentir su calor cada vez más cerca, un recordatorio de la vida mortal que había dejado atrás siglos atrás, una vida que ya no podía soportar soportar sin Aurelia. Cuando Vittorio se paró con las primeras luces del alba, respiró por última vez. Dio la bienvenida al toque fatal del sol, sintiendo que su piel comenzaba a arder, la maldición de su existencia se desvanecía en un abrazo ardiente. Era a la vez una agonía y una liberación, un sacrificio final para unirse a la mujer que había amado más allá de la razón. Sus últimos pensamientos fueron en Aurelia, en el hermoso hijo que nunca criarían juntos, y en el amor que siempre llevaría consigo al olvido. Con la luz de la mañana consumiéndole por completo, Vittorio encontró por fin la paz, ya que su espíritu se fundió con el calor del sol que se elevaba sobre Sicilia, una eterna historia de amor, sellada por el último abrazo del sol. Solo un romance trágico, donde el amor ilimitado entre un vampiro y una mujer mortal es finalmente desgarrado por las leyes de la naturaleza y las limitaciones de la moralidad. Ambientada en los encantadores paisajes de Sicilia, la historia de amor resuena tanto con una belleza atemporal como con una profunda tristeza, ilustrando que ni siquiera los muertos vivientes pueden escapar del dolor del amor y la pérdida.

Con pesar, recordé mucho más, mientras reflexionaba, cuando Melissa me confesó su verdad, sus secretos guardados durante mucho tiempo, esa noche terrible...

Capítulo 8

Miré a través de la ventana, mientras todos los recuerdos olvidados de mi madre aún permanecían frescos en mi mente, viendo la luna llena brillar intensamente en lo alto. La luz se asomaba, cayendo en cascada sobre las calles desiertas, donde hombres y mujeres habían realizado sus rutinas habituales solo unas horas antes. Dentro de la casa del burdel, me quedé con Melissa al otro lado de la habitación, una habitación tenuemente iluminada por un solo candelabro que ardía en secuencia con la brisa casi vacía. Su tenue resplandor proyectaba un resplandor dorado sobre los lujosos muebles de la habitación. Un elegante silencio se cernía entre Melissa y yo, mientras ella se relajaba en el sillón que parecía haber estado allí tanto tiempo como la propia casa del burdel. Melissa se reclinó con gracia con cierta gracia, una calma, con las piernas cruzadas y un brazo colgado perezosamente sobre el costado de la silla mientras bebía una copa de vino tinto. Era el epítome del control, serena e imperturbable ante el silencio del mundo exterior, sus ojos esmeralda reflejaban una profundidad de secretos aún ocultos durante lo que parecieron siglos. Mientras estaba allí, mi mente hervía de ira mientras los recuerdos inundaban mi cerebro, mis recuerdos olvidados de mi madre, mi enfermedad, pero no quería la confrontación de lo que Melissa realmente podría ser, una especie de monstruo que asesinó a mi madre. ¿Podrían mis recuerdos ser la verdad, o simplemente mi mente me estaba jugando una mala pasada?

Melissa desconocía por completo los pensamientos que pasaban por mi cabeza, no se daba cuenta de los "recuerdos" que me había dado este pequeño regalo del espejo legendario. Me acomodé en el sillón junto a Melissa, mientras me revolvía en mi asiento, apartando un mechón de mi cabello negro detrás de la oreja, mi mirada se volvió hacia Melissa, mientras todavía me aferraba con fuerza al espejo plateado. Pensando en cuánto tiempo he vivido aquí en esta casa de burdel, dentro de estas viejas paredes, sin embargo, había una parte de Melissa que seguía siendo un oscuro misterio. El vínculo que compartíamos era innegable, complicado, rico en entendimiento tácito, pero aún así, sentía que había algo en Melissa que la eludía. Haciendo todo lo posible por contener mis frustraciones, respiré hondo y dije: "Melissa", comencé lo más suave que pude, mi voz rompió el cómodo silencio de la habitación, "¿Alguna vez has creído en el amor?"

Melissa alzó una ceja curiosa, con una leve sonrisa en las comisuras de sus labios. Hizo girar el vino en su copa, con los ojos fijos en el rico líquido rojo antes de que su mirada se moviera hacia arriba para encontrarse con mi firme mirada, "¿Amor?", repitió, su voz tan suave como la túnica de seda que cubría sus pálidos hombros, "¿Qué te hace preguntar tal cosa, querida?"

Sonreí levemente, con una pequeña pizca de frustración aún persistía, tirando de mis piernas debajo de mí mientras me acomodaba más cómodamente en mi sillón, "No lo sé, de verdad. Ha estado en mi mente por un tiempo, últimamente". Mis ojos miraban hacia la ventana, pero no me concentré en lo que había más allá, "Observo a las chicas, en el salón del burdel, ¿sabes? Los que van y vienen de aquí. Algunos de ellos hablan del amor como si fuera lo más importante del mundo, mientras que otros, como si fuera un cuento de hadas. Supongo que solo tengo curiosidad por lo que piensas, quiero decir, ya que estabas en contra de mi relación, mi amor por Patrick.

La sonrisa de Melissa se ensanchó ligeramente, mientras ponía los ojos en blanco, aunque contenían una sombra de algo más oscuro, algo más sagaz. Se inclinó ligeramente hacia adelante, sus ojos penetrantes, aunque todavía suaves en la penumbra, "El amor, mi dulce María Grace, es quizás la fuerza más incomprendida que existe".

Sentí un escalofrío que me recorrió la espalda, aunque no estaba exactamente seguro de por qué, "¿Entendido?"

Melissa asintió, "Oh, sí. Verás, la gente cree que el amor es esta cosa pura e inmaculada, un sentimiento que eleva y transforma, pero el amor es mucho más complicado que eso, Maria Grace. Es poderoso, sí, pero también es egoísta, peligroso. Puede destruir tan fácilmente como puede curar, y sobre todas las otras chicas aquí en el burdel, no me importan sus aventuras amorosas. Solo me preocupo por ti y por tu bienestar".

Ladeé la cabeza, considerando las palabras de Melissa: "¿Pero tú crees en eso, en el amor?"

Melissa bebió un sorbo de su vino tinto antes de dejar la copa en la mesita junto a su sillón. Pasó un dedo por el borde del vaso pensativamente, "Creo en muchas cosas, querida, el amor es una de ellas, pero no es la forma en que a la gente le gusta pensarlo. Lo imaginan como eterno, incondicional. En mi experiencia, el amor es muy parecido a la vida, fugaz, algo que puede volverse brutal, aunque a menudo hermoso, pero siempre temporal".

Me dolía el corazón por eso, aunque no estaba del todo seguro de por qué. Había algo casi trágico en la forma en que Melissa hablaba del amor, como si fuera algo que no había conocido íntimamente pero que había perdido hacía mucho tiempo.

– Has estado enamorada antes, ¿verdad, Melissa? —dije en voz baja, más como una afirmación que como una pregunta—.

Los ojos de Melissa se distanciaron, sus labios se apretaron en una línea tensa. Por un momento, pensé que no me respondería, pero luego dejó escapar un suave suspiro, sus ojos parpadearon con algo antiguo, algo que llevaba el peso de lo que parecieron siglos, "Sí", dijo simplemente, "Muchas veces, de hecho, pero el amor, para alguien como yo, nunca es lo que parece. Siempre tiene un precio".

Fruncí el ceño, la curiosidad burbujeaba dentro de mí, "¿Qué quieres decir con 'alguien como tú'?"

La mirada de Melissa se agudizó de repente, pero la intensidad se desvaneció tan rápido como había parecido, reemplazada por su habitual actitud tranquila y enigmática. Ella sonrió, una sonrisa pequeña, casi triste, y extendió la mano, cepillando un mechón de mi cabello detrás de mi oreja, el gesto tan suave que hizo que mi corazón se acelerara, "Algún día. lo entenderás, Maria Grace —dijo Melissa en voz baja, su voz casi un leve susurro—, pero por ahora, digamos que el amor y yo... Somos viejos conocidos".

Mi pecho se apretó con un profundo anhelo que no podía explicar. Conocía a Melissa desde que tenía uso de razón, y me di cuenta de que todavía había muchas cosas que no sabía ni entendía. Melissa siempre había estado ahí, siempre me había cuidado, desde el día en que me trajeron a esta casa de burdel, una niña enfermiza, curada por su sangre, sin familia a la que llamar mía, y sin futuro. Melissa me había dado un futuro, me había salvado, me había sanado, me había dado una vida que de otra manera no habría tenido. Y, sin embargo, siempre había esa sensación de distancia, como si Melissa existiera en un mundo distinto al que yo habitaba, y las preguntas aún permanecían en mi cabeza sobre la reciente avalancha de recuerdos de aquella noche en que mi madre murió y Melissa me curó con su sangre. '¿Por qué me sanó su sangre? ¿Había algo de verdad en estos recuerdos en mi mente?

—Me acogiste cuando no tenía a dónde ir —dije con voz nerviosa—, siempre has estado ahí para mí. Supongo que a veces me pregunto... ¿Por qué?

Los ojos esmeralda de Melissa se suavizaron, y por un breve momento, había algo muy parecido a la vulnerabilidad en su mirada, algo que nunca había visto antes, "Vi algo en ti, Maria Grace", respondió Melissa, con voz baja, "Algo... especial".

Parpadeé, sorprendido por la intensidad de la respuesta de Melissa, su mero tono, "¿Especial?"

Melissa asintió, su mano cayó a su regazo mientras se reclinaba en su sillón, "Eras tan joven, tan frágil, pero había una fuerza en ti, en tus ojos, una resistencia. Sabía que, si te daban la oportunidad en la vida, podías convertirte en alguien extraordinario, y no me equivoqué".

Sentí que mis mejillas comenzaban a enrojecerse por el cumplido, pero todavía había una pregunta persistente, una que no podía quitarme de encima: "¿Pero por qué a mí? No era el único niño, había otros niños, otros que necesitaban ayuda u otros que podían ser más fuertes que yo. ¿Por qué tuviste que elegirme a mí?"

Los ojos de Melissa se oscurecieron, su mirada se desvió por un momento como si estuviera buscando las palabras correctas para decir. Cuando volvió a hablar, su voz era casi vacilante, débil, "Quizás ... porque vi un poco de mí mismo en ti".

Mi corazón dio un vuelco, mi mente se aceleró con las implicaciones de esas palabras. Siempre había sentido una conexión extraña con Melissa, algo más profundo que la simple gratitud por haber sido acogida, pero escuchar a Melissa admitir que había una razón personal detrás, un reflejo de sí misma, removió algo en mi alma. Después de sentirme traicionada y herida por Patrick, su desaparición y los meros sentimientos de abandono por su parte, me di cuenta de que Melissa era todo a lo que tenía que aferrarme. Melissa se levantó de su sillón, bruscamente, acercándose a la ventana donde yo me había parado antes, todavía sosteniendo su copa de vino tinto. Se quedó allí, mirando por la ventana, mirando el cielo oscurecido, con una postura tensa, como si estuviera ocultando algunas grandes verdades.

He vivido mucho tiempo, querida —dijo finalmente Melissa, con voz serena, pero llena de profunda emoción—, más de lo que puedes imaginar, y en ese tiempo, he visto cosas, he sentido cosas y he perdido cosas. He adquirido mucha sabiduría sobre el amor, sobre las personas y sobre la vida, incluso sobre la falta de ella".

Yo también me puse de pie, moviéndome lentamente hacia Melissa en la ventana, dudando por un momento antes de extender la mano y colocar suavemente mi mano en su brazo, "No tienes que contarme todo lo que has pasado", dije en un susurro, "Pero estoy aquí, y estoy escuchando. Si eliges hablarme de tus afectos pasados, soy todo oídos y trataré de entender".

Los hombros de Melissa se relajaron un poco y giró la cabeza para mirarme. Había algo crudo en su mirada, algo vulnerable y antiguo, y por primera vez, vi un atisbo de la pesadez que Melissa llevaba dentro, el peso de lo que parecen vidas vividas y trágicamente perdidas.

—Te acogí porque no podía soportar perder a otro —susurró Melissa—. "No después..." Su voz se desvaneció, pero el silencio que siguió fue extremadamente pesado con mucho dolor no expresado.

Me dolía más el corazón por ella, por esta mujer entristecida con sus secretos, que había sido mi protectora, mi guardiana, desde que tenía uso de razón. Siempre había sido tan fuerte, intocable, a mis ojos, pero ahora me di cuenta de que había mucho más debajo de la superficie, mucho más dolor, tanta historia no contada escondida detrás de sus ojos esmeralda.

—Melissa —le dije—, ya no tienes que llevarlo todo sola.

Melissa sonrió levemente, aunque su sonrisa nunca llegó a sus ojos, "Lo he llevado durante tanto tiempo, ahora, Maria Grace. No conozco otra manera".

Respiré hondo, reuniendo mi coraje, "Puedes decírmelo, Melissa. Sea lo que sea, no te juzgaré por ello".

Por un momento, pareció que Melissa realmente podría abrirse a mí, que finalmente podría revelar sus secretos que la habían estado agobiando durante lo que parecieron siglos, pero luego, tan rápido como la vulnerabilidad apareció, se desvaneció, reemplazada por la máscara familiar de control y elegancia que Melissa siempre usaba.

"Quizás en otro momento. Se está haciendo tarde y deberías descansar un poco, Maria Grace. Dijo Melissa con una sonrisa amable, mientras tomaba el último sorbo de su vino tinto.

Quería protestar, convencer a Melissa de que no necesitaba mantenerse alejada de mí, que necesitaba revelar sus secretos, su dolor, pero sabía que presionar demasiado solo la haría retroceder más. Así que, en lugar de eso, asentí, aunque mi corazón se sentía pesado por el peso de todo lo que no había dicho, "Buenas noches, Melissa", dije en voz baja.

—Buenas noches, María Grace.

Al salir de la habitación, la sensación de que algo no se había resuelto flotaba en el aire. Sabía que había mucho más en la historia de Melissa, mucho más en nuestra historia, pero por ahora, permanecería oculto en las sombras, fuera de mi alcance.

Me acosté en la cama esa noche, inquieta, mis pensamientos se arremolinaban con todo lo que Melissa había dicho, y todos los recuerdos dando vueltas en mi mente sobre mi madre, junto con la visión de Melissa sobre el amor, la vida y los secretos que mantenía ocultos, guardados bajo llave. Era extraño vivir en este lugar así, rodeado por el ruido y el caos del burdel y las chicas que había dentro, y al mismo tiempo encontrarme consumido por pensamientos más profundos y tranquilos. Las muchachas que vivían aquí con nosotros eran ruidosas a menudo, descaradas otras veces, pero llevaban sus propias cargas, manteniéndose solas. Algunos de ellos hablaban del amor como si fuera una fantasía pasajera, mientras que otros se aferraban a él desesperadamente, con la esperanza de que los salvara de la vida que llevaban. Pero siempre había sido diferente a las "chicas" del burdel, tal vez porque había crecido bajo el ala protectora de Melissa, protegida de una manera que las otras chicas no lo habían estado. Había conocido el amor, mi Patricio me lo había demostrado, pero ahora se había ido, pero todavía no puedo comprender por qué se iría atrás de la manera en que lo hizo. Mi mente recordaba la noche en que Melissa me había encontrado, era un recuerdo débil de los últimos tiempos, pero ahora era tan vívido, como un sueño recurrente, una borrosidad de dolor y miedo. Mi cuerpo infantil débil y febril, acostado en la cama fría, me había estado muriendo, aunque no lo había entendido en ese momento. Entonces Melissa había aparecido, como un ángel de misericordia, un ángel oscuro de cruel misericordia, aunque ahora me di cuenta de que tal vez era algo completamente diferente, algo asesino. Esa noche, Melissa me había levantado en sus brazos, acunándome como si fuera una niña, susurrando algo suave y tranquilizador que no podía recordar del todo. Había habido un dolor agudo, solo por un momento, mientras estaba en los brazos de Melissa, y luego un calor que se extendió por mi cuerpo, sanándome, salvándome. Me desmayé, pero cuando me desperté a la noche siguiente, estaba en la casa del burdel, y Melissa estaba allí a mi lado, cuidándome. Durante años, había creído que era simplemente un milagro, algo milagroso que no podía explicar, pero por lo que estaba infinitamente agradecida, pero ahora, mientras yacía en mi cama, pensando en esa noche, no podía evitar la sensación de que había más de lo que nunca había imaginado. Reflexioné sobre la forma en que Melissa hablaba de la vida y del amor, sobre la pesadez que llevaba dentro. Pensé en la extraña intensidad de los ojos de Melissa cuando hablaba de la pérdida, de verse a sí misma en mí.

Los pensamientos de sangre se arremolinaban en mi cabeza, mientras reflexionaba sobre el recuerdo que se me reveló esa noche, cuando me miré en el espejo antiguo que Melissa me había regalado, recorrí los bordes con las delicadas yemas de mis dedos, los pensamientos de la muerte de mi madre parecían más claros. La sangre no había sido más que una gota, una pequeña gota carmesí en la yema del dedo de Melissa. No lo había cuestionado en ese momento, apenas lo había notado en mi estado febril, ya que era tan joven y apenas podía contener una respiración profunda, pero ahora, mientras el recuerdo se repetía en mi mente, se sentía como la clave de algo mucho más grande, algo que había sido demasiado pequeño para entender.

– ¿Qué me había hecho Melissa aquella horrible noche? ¿A mi madre? Me di la vuelta y me revolví en la cama durante lo que parecieron horas, mientras todo esto rodaba en mis pensamientos, subiendo las sábanas hasta la barbilla, mi mente corría con preguntas sin respuesta. Sabía que Melissa definitivamente me había salvado la vida, eso era seguro, pero ¿a qué costo? ¿Fue la vida de mi madre el precio que había que pagar? ¿Y por qué me había elegido a mí? Claro, ella dijo que se veía a sí misma en mí, pero simplemente no cuadraba en mi cabeza, en cuanto a por qué me salvaría. – ¿Y qué hay de mi Patrick, me dejó atrás, o fue mucho peor el destino? Estas preguntas daban vueltas en mi cabeza toda la noche; Al parecer. Todo esto pesó mucho en mi corazón cuando finalmente me quedé dormido con lágrimas en los ojos, la oscuridad de la habitación, el silencio, envolviéndome como una mortaja. En la quietud de la noche, con los únicos sonidos suaves de la casa del burdel que se asentaba a mi alrededor, soñé con sangre y sombras oscuras, con amor y pérdida, y con un secreto que yacía justo debajo de la superficie, esperando ser descubierto.

A la noche siguiente, adquirí una sensación de determinación. Siempre había depositado mi confianza en Melissa, siempre había creído en su bondad hacia mí, en su mera fuerza de mujer, pero ahora, comencé a darme cuenta de que había más en nuestra relación distanciada de lo que nunca había sabido, y no podía quedarme callada, o ignorarla, por más tiempo. El espejito de plata que me había regalado dejaba claro que Melissa me estaba ocultando la verdad.

Encontré a Melissa en la cocina, bebiendo su habitual té de hierbas de romero, con la expresión tranquila y serena de siempre, pero pude ver la leve tensión en sus hombros pálidos, la forma en que sus dedos tamborileaban suavemente contra la pequeña mesa junto a la que estaba sentada, como si estuviera sumida en profundos pensamientos.

—Melissa —dije en voz baja, acercándome a la mesa—, tenemos que hablar.

Melissa miró hacia arriba, su expresión ilegible, "¿Sobre qué, querida?"

—Sobre mí, sobre nosotros —respondí, con voz nerviosa, pero firme—. —De la noche en que me salvaste.

Los ojos de Melissa parpadearon con un brillo de conmoción, pero a la vez de conocimiento, y por un momento, hubo un silencio entre nosotros, pesado y lleno de verdades no dichas.

—¿Qué es lo que quieres saber, Maria Grace? —preguntó Melissa finalmente, en voz baja, mientras bebía más de su té.

Respiré hondo, reuniendo mi coraje, "Quiero saber la verdad, Melissa".

Colocó su taza de té sobre la frágil mesa, sus ojos esmeralda se clavaron en los míos con una intensidad que hizo que mi corazón se acelerara. El aire de la habitación pareció volverse más pesado y, por primera vez, sentí una pizca de miedo. Pero Melissa simplemente asintió, con una sonrisa tenue, casi triste, jugando en sus labios, "Muy bien, Maria Grace. Mereces saber la verdad, pero antes de que hable de ella, solo debes saber que fui un ser solitario durante muchos, muchos siglos, y vi un consuelo en ti".

Cuando Melissa comenzó a hablar, sentí que mi mundo cambiaba, los cimientos de todo lo que una vez había creído comenzaron a desmoronarse. Nos dirigimos al balcón de la casa del burdel, mientras Melissa abría el camino con mi mano en la suya. Dirigió la conversación con un cuento, una tragedia romántica, su forma habitual de contarme historias, excepto que este cuento parecía estar contado de una manera un poco extraña...

'Susurros de la luna creciente... dentro de las vibrantes pero espeluznantes calles del Barrio Francés de Nueva Orleans. Sus animadas calles, callejones sombríos y una arquitectura inquietantemente hermosa brindan la atmósfera perfecta para esta historia de amor prohibido. Susan, una joven bruja con un espíritu feroz y una profunda conexión con el mundo natural. Es conocida por sus remedios herbales y encantamientos, pero lucha con el estigma de su oficio en una comunidad que teme a la magia. Luego está Anthony, un vampiro melancólico, de siglos de antigüedad, que ha vagado por los oscuros callejones de Nueva Orleans, en busca de la redención de su pasado. Se siente atraído por la mística de la ciudad y su rica y trágica historia.

A medida que el sol se pone sobre el Barrio Francés, proyectando largas sombras sobre las calles empedradas, Susan elabora sus pociones en su pequeña y modesta tienda, rodeada de frascos de hierbas y artefactos místicos. Una noche, se encuentra con Anthony, quien se siente atraído a su tienda por el aroma de su magia. Su conexión es inmediata, se enciende una chispa entre la bruja y el vampiro, dos almas perdidas atrapadas en una red de cruel destino. A pesar del peligro de su relación, se dice que los vampiros y las brujas son enemigos jurados, se sienten irresistiblemente atraídos el uno por el otro. Se reúnen en secreto, compartiendo momentos robados en los patios iluminados por la luna del Barrio, intercambiando sueños y miedos. Susan le enseña a Anthony sobre la belleza de una antigua profecía: una bruja y un vampiro unidos en el amor llevarían al caos, arriesgando el equilibrio entre sus dos mundos. Conflictiva pero decidida, Susan decide enfrentarse a la profecía. En un momento de pasión, prometen desafiar al destino, creyendo que su mero amor puede conquistarlo todo, pero cuando sale la luna creciente, ocurre una traición imprevista. La mejor amiga de Susan, consumida por los celos y el miedo, revela su secreto a la comunidad. En un furioso enfrentamiento, los ancianos del aquelarre de brujas y los vampiros del barrio se unen para castigar a los dos amantes. En un trágico giro del destino, Anthony es maldecido a vagar por la tierra para siempre, solo, una sombra de su antiguo yo, mientras que Susan está atada por su aquelarre, sus poderes, su magia, despojados. Su último encuentro es una despedida desgarradora bajo las estrellas, donde confiesan su amor eterno. Comparten un beso agridulce, sabiendo que nunca podrán volver a estar juntos, y prometen encontrarse en otra vida. A medida que la luna mengua, Susan observa a Anthony desvanecerse en la noche, su figura desapareciendo en las sombras del Barrio Francés. Con el corazón roto, regresa a su tienda vacía, rodeada de los restos de su amor. El recuerdo de sus apasionados encuentros perdura, y ella jura honrar su amor manteniendo viva su historia a través de su magia muerta. Al final, su historia de amor se convierte en una leyenda susurrada en el Barrio Francés, la historia de una bruja y un vampiro cuyo amor prohibido resonó a través del tiempo, recordando a todos los que lo escucharon el delicado equilibrio entre el amor y el destino, y la tragedia que proviene de desafiarlo. Así es como sucedió todo...

En las sombras del Barrio, el sol se ocultaba en el horizonte, proyectando un cálido resplandor naranja sobre las calles empedradas del Barrio Francés. La música flotaba en el aire, mezclándose con el dulce aroma de la lavanda y el jazmín, y el rico aroma de la cocina cajún. En una pequeña y modesta tienda escondida entre vibrantes edificios antiguos, Susan mezclaba sus brebajes de hierbas, sus dedos bailaban hábilmente entre los frascos que llenaban los estantes. Un parpadeo de movimiento llamó su atención. Una figura alta se apoyaba en el marco de la puerta; Una silueta envuelta en sombras. Era Anthony, con su mirada penetrante reflejando la última luz del día. Susan sintió que su corazón se aceleraba; lo había visto vagar por el Barrio, un enigma envuelto en la oscuridad, pero esta era la primera vez que sus caminos se cruzaban de verdad. —¿Puedo ayudarte? —preguntó ella, con voz firme a pesar del aleteo de su pecho.

Anthony entró en la penumbra, revelando pómulos altos y una sonrisa que insinuaba travesura: "Algo me atrajo aquí ... Mágico".

Sus conversaciones se desarrollaron durante las semanas siguientes como los pétalos de una flor en flor. En los rincones secretos del Barrio, compartían risas y sueños, un vínculo que se fortalecía con cada momento robado. Susan introdujo a Anthony en el encanto de su mundo mágico, mostrándole la belleza de las hierbas y el arte de la elaboración de pociones. Una noche, mientras deambulaban por un tranquilo patio, Susan se volvió hacia él, con el corazón palpitante: —¿Por qué te quedas aquí, Anthony? ¿Qué es lo que buscas?

Anthony hizo una pausa, su mirada intensa, "Redención, tal vez. Una razón para sentirme vivo de nuevo, en lugar de esta malvada criatura no muerta de la noche, que soy ahora".

Sus dedos se rozaron, enviando chispas de energía entre ellos. El mundo a su alrededor se desvaneció y, en ese momento, nada más importaba. A medida que su amor se profundizaba, Susan desenterró una profecía escondida en los antiguos textos de su aquelarre. Había esperado ignorarlo, creer solo en su amor, pero las palabras la perseguían: «Una bruja y un vampiro unidos traerán el caos, su amor una maldición sobre el mundo. Lo único que trae es desequilibrio y peligro".

El miedo se apoderó del corazón de Susan, "Anthony, ¿y si estamos destinados solo a la oscuridad?"

Él ahuecó su rostro, su toque suave pero firme, "Entonces lucharemos juntos. Nuestro amor puede conquistar cualquier destino, ¿no es así? Además, siempre he vivido dentro de mi propia oscuridad durante muchos siglos".

Pero la duda persistía con Susan, arrastrándose en sus momentos compartidos como una sombra. Una noche fatídica, cuando se encontraron bajo el resplandor de la luna creciente, la atmósfera cambió. El aire crepitaba con tensión; Algo andaba mal. El corazón de Susan se hundió cuando su mejor amiga, Elara, apareció, con los ojos muy abiertos por el miedo y la ira, pero con una pizca de celos. Elara era su amiga del aquelarre del que formaba parte. "¡No puedo creerte!" —gritó Elara—. —¡Lo estás arriesgando todo por estar con él, un vampiro!

Antes de que Susan pudiera responder, Elara ya había salido corriendo, dejando un rastro de susurros detrás de ella. El pánico se apoderó de Susan a medida que la dura realidad del peligro de su amor se instalaba. Las leyes sobrenaturales nunca las aceptarían, esta historia de amor. Pasaron los días, las calles del Barrio Francés se sentían más pesadas a cada momento. Los susurros de la traición de una bruja se hicieron más fuertes, y pronto, los ancianos del aquelarre de Susan la convocaron a ella y a Anthony, junto con otras brujas y vampiros antiguos dentro del Barrio. Bajo las parpadeantes luces de gas de las cámaras secretas del aquelarre, Susan estaba de pie junto a Anthony, con el corazón acelerado, nerviosa. La tensión era palpable mientras los líderes del aquelarre miraban a los dos amantes, con una tormenta de furia en el aire. "¡Tu amor, tu unión, desafía el orden natural de la vida!" Declaró el anciano principal del aquelarre, con voz resonando en la quietud, mientras todas las demás brujas asentían con la cabeza, junto con los antiguos vampiros. "Debes terminar esta unión de una vez, debes ser castigado por tu traición contra la ley de la naturaleza y tu aquelarre".

En un instante, estalló el caos. Anthony dio un paso adelante, con los ojos brillando con mucha determinación, "No seremos destrozados por sus amenazas. No nos dejaremos quebrar por ese miedo".

Pero su desafío solo alimentó la ira del anciano. Susan observó con horror cómo los hechizos volaban, y en un momento de oscuridad, Anthony fue golpeado por una poderosa maldición, la luz de sus ojos se atenuó. Cuando los otros vampiros antiguos se marcharon, junto con todos los ancianos brujos del aquelarre, Susan, desconsolada, corrió al lado de Anthony mientras la magia del aquelarre todavía lo envolvía como un sudario. "¡No! ¡Por favor!", exclamó, con cálidas lágrimas corriendo por sus mejillas.

Anthony la miró, el dolor grabado en sus rasgos de muertos vivientes, "Susan... Siempre te amaré. Siempre buscaré la manera de estar contigo".

En sus últimos momentos juntos, intercambiaron promesas y confesiones, sellando su amor con un beso desesperado bajo la luna creciente. Cuando sus labios se separaron, Anthony comenzó a desvanecerse, las sombras lo consumían. —Te encontraré de nuevo —susurró, su voz apenas audible mientras se desvanecía en la noche, su espíritu maldecido para vagar solo por el Barrio.

Susan regresó tristemente a su pequeña tienda, rodeada de silencio y vagos recuerdos. El aire estaba cargado de mucha tristeza, pero sabía que tenía que honrar su amor, recordar a Anthony y su abrazo. Vertió su corazón en su magia muerta, creando una y otra vez, sus pociones y amuletos que susurraban su historia a cualquiera que estuviera dispuesto a escuchar. Finalmente, después de muchos intentos, su magia volvió a ella, como si nunca se hubiera ido. En la tranquilidad de su corazón, Susan juró mantener vivo su amor, contando la historia de una bruja y un vampiro cuyo vínculo desafió al destino. Las calles del Barrio Francés resonaron con su legado, un recordatorio de que el amor, por trágico que sea, puede trascender el tiempo y la oscuridad. Y cuando la luna creciente se elevó en lo alto del cielo nocturno, Susan cerró los ojos, sintiendo la calidez de la presencia de Anthony envolviéndola, una promesa persistente de esperanza en un mundo que una vez buscó separarlos. Encontraría la manera de volver a estar con él, su vampiro, su único amor.

El recuerdo de esta conversación todavía inunda mi mente, aunque, después de su triste y trágica historia, Melissa no confesó todo... Sin embargo, fue la conversación que siguió al mes siguiente, una noche tensa que lo cambió todo...

Capítulo 9

De pie en ese balcón, esperé pacientemente, mientras Melissa derramaba la verdad de sus labios, de mi supervivencia, de la muerte de mi madre y de cómo se sintió fatal después. Me sentí enojado, pero ya acepté esta verdad cuando me enteré de ella a través del espejo de plata vintage que me había dado. Melissa confesó con mucha tristeza, pero nunca derramó una lágrima. Me abrazó con fuerza y me pidió disculpas, mientras me dejaba allí solo en el balcón. Abrumada, todavía tenía preguntas que necesitaba respuestas, sobre Patrick, y por qué se refirió a "siglos" en su respuesta a mí. ¿Era Melissa algo malvado o era 'inmortal'? ¿Podrían existir realmente tales cosas? Estos pensamientos se reprodujeron en mi mente durante varias noches a partir de entonces, con Melissa esquivándome. Siempre estaba demasiado ocupada para hablar de esas cosas conmigo...

Pasaron meses antes de que se revelara toda la verdad de Melissa, una verdad entrelazada con lo que ya me había confesado sobre la muerte de mi madre, una verdad que entrelazó con la esencia misma de quién era. Durante mucho tiempo, viví en una dichosa ignorancia, envuelta en el capullo de nuestro vínculo antinatural, era como su hija, su compañera en los oscuros pasillos de la casa del burdel. Sin comprender completamente las implicaciones de mi ser, parecía que era tonto creer que Melissa realmente podía preocuparse por mí, de la manera en que lo hice por ella todos estos años ciegos.

Reflexiono sobre las palabras de Melissa que me había dicho una vez, pero nunca las entendí hasta ahora... "Observando a la gente, de diferentes formas y tamaños. Algunos felices, otros tristes —dijo Melissa vagamente, mientras estaba sumida en profundos pensamientos, una noche mientras nos quedábamos solos en el salón—, algunos con dolor, otros con completa miseria, todo me desafía a no poner fin a su sufrimiento al contemplar a seres tan patéticos. Sabes, Maria Grace, los vampiros existen, tienen moral y valoran la existencia humana. Solo matan para sobrevivir como la criatura malvada que están malditos para ser. Los vampiros todavía sienten tristeza, soledad y emociones similares. Algunas de estas criaturas tardan años en aprender tales cosas...'"

Las palabras de Melissa todavía resuenan en mi cabeza, aunque no podía entenderlas en ese entonces, las comprendo completamente ahora. Hace tantos años, simplemente pensaba que Melissa estaba intrigada con la fantasía de los vampiros, pero ahora, sé que lo fue todo el tiempo, como lo estoy ahora.

Finalmente, Melissa confesó toda la verdad sobre mi Patrick...

Fue en una noche de tormenta, con la lluvia golpeando la ventana de la casa del burdel, cuando finalmente se rompió la presa de secretos. Últimamente me había vuelto inquieto y ella siempre me evitaba, una inquietud latente se estaba gestando dentro de mí mientras escuchaba la lluvia feroz y palpitante, y a la luz parpadeante de las velas del salón, la confronté: "Melissa, ¿qué le pasó realmente a Patrick? Quiero decir, no puedo creer que simplemente desapareció, dejándome atrás".

La pregunta flotaba pesadamente en el aire, un presagio del desmoronamiento que estaba a punto de suceder, sin embargo, tenía que saber la verdad, simplemente no podía contener estas preguntas sin respuesta por más tiempo. Los ojos de Melissa parecieron oscurecerse, pude ver el peso de su historia no contada en esas profundidades esmeralda de sus ojos, "Nunca quise que lo descubrieras de esta manera, Maria Grace", dijo, su voz era una melodía inquietante, "pero mereces saber toda la verdad, la verdad sobre tu amor, Patrick".

Con cada palabra, despegaba las capas de su pasado, revelando los rincones más oscuros de nuestras vidas entrelazadas. Habló de la noche en que Patrick supuestamente había desaparecido, de sus celos, de su miedo a separarse de mí: "No podía soportar verte tan feliz. Sabía que te alejaría de mí, era la única manera de tenerte a mi lado".

La admisión se sintió como si el hielo inundara mis venas, una verdad demoledora que hizo que mi corazón se acelerara. Una parte de mí esperaba que Melissa no le hubiera quitado la vida, pero sabía dentro de mí que era así. No necesité ninguna explicación de cómo lo hizo, todo lo que necesitaba entender era que mi Patrick fue asesinado a manos de mi protectora, Melissa.

—¿Y mi madre? Apenas podía pronunciar las palabras, pero se derramaron de mis labios como veneno. —¿Tenías que quitarle la vida, era realmente necesario?

—Tenía que salvarte, Maria Grace —susurró Melissa débilmente, con un tono desesperado—, tu madre... te estabas muriendo, y te ofrecí una oportunidad en la vida, pero tenía un precio. No tenía otra opción, tu madre nunca me habría permitido quedártelo, tenía que tenerte para mí".

A medida que el peso de su confesión se asentaba sobre mí, pasé las yemas de los dedos por el espejo vintage en el bolsillo de mi vestido, nerviosa, las paredes se cerraron a mi alrededor y sentí como si no pudiera respirar, el aire se volvió espeso con mucha traición. El amor que una vez había sentido por Melissa se convirtió en algo mucho más oscuro, más complejo, odio. Ya no era como una hija para ella, era solo un peón en el torbellino de su juego, solo un eco de la vida que debía haber tomado de otros antes que yo. En ese momento de dolorosa claridad, algo dentro de mí cambió. La rabia corrió por mis venas como un incendio forestal, encendiendo un instinto primario que había estado dormido durante mucho tiempo: "¡Me quitaste todo! ¡Habría sido mejor que me dejaras morir esa horrible noche, Melissa! —exclamé, mi voz se elevó por encima de la tormenta—. "¡Mataste a mi madre! ¡Has destruido mi amor, Patrick, y ahora quieres que entienda que todo se hizo por amor a mí! ¡Me necesitabas para ti!"

La confrontación se convirtió en un caos, la luz de las velas parpadeaba salvajemente a medida que los relámpagos del exterior se volvían más intensos, a medida que las emociones surgían entre nosotros, y luego, en un borrón de desesperación y enojo, me encontré alcanzando la daga oxidada que yacía sobre el frágil tocador, una reliquia del pasado, manchada con los recuerdos de Melissa y sangre desconocida. Fue un momento fatídico, la culminación de años de dolor oculto y verdades no contadas. Mientras hundía la daga oxidada en su pecho, directamente a través de su corazón, el tiempo parecía extenderse hasta la eternidad. Los ojos de Melissa se abrieron de par en par en estado de shock, pero había un destello de comprensión en ellos, un reconocimiento de que este era el final de nuestro retorcido viaje juntos.

—Maria Grace —jadeó, mientras la sangre brotaba de sus labios y la fuerza se drenaba de su cuerpo—.

En un último intento, Melissa enterró sus colmillos, algo que nunca supe que tenía, en mi cuello, apenas sin llegar a mi arteria principal. Empujando su cuerpo debilitado lejos de mí, la sangre manchó mis manos, su sangre se mezcló con la mía, pero la sangre que se derramaba entre nosotros ahora, no era solo mera sangre; Fue el peso de nuestra historia compartida, los sacrificios hechos y las decisiones irrevocables lo que nos llevó a este horrible momento. Los ojos esmeralda de Melissa se apagaron, se desvanecieron, la vida se desvaneció a medida que su cuerpo caía de mis brazos. Me arrodillé a su lado, con el corazón hundido en el pecho de dolor y furia.

En sus últimos momentos, mientras su cuerpo se desplomaba sobre el suelo boscoso, vi un atisbo de la belleza que una vez había conocido, una belleza que me había cautivado hace mucho tiempo. Melissa yacía allí, sin vida, rígida y, sin embargo, serena, como una estrella caída atrapada en la noche, su mirada vidriosa siempre buscando algo perdido. El espejo de plata vintage que me había regalado yacía intacto a nuestro lado, obviamente cayendo del bolsillo de mi vestido en el caos, un fragmento que reflejaba los rincones oscuros de la habitación, un recordatorio de la vida que había elegido, el recuerdo de un regalo que se dio con amor, los sacrificios hechos todo en nombre del amor. Yo, ahora, tenía la sangre de Melissa, su vida, manchada en mis propias manos. Mientras me secaba los labios con los dedos, abrumado por la escena que acababa de tener lugar, este pequeño gesto cambió mi vida para siempre. Su sangre, mezclada con mi sangre mortal, estaba ahora dentro de mí, cuando me di cuenta de lo que acababa de hacer. A medida que me di cuenta de lo que Melissa realmente era, una asesina inmortal, me hundí en la cabeza, sentí el cambio, la transformación, comenzando dentro de mi cuerpo. "Adiós Melissa, mi protectora, mi amante distanciada". —susurré débilmente, mientras su cuerpo se desvanecía en cenizas, flotando en el aire de la habitación.

Con la muerte de Melissa, un profundo silencio envolvió la habitación, un silencio que resonó por los pasillos de la casa del burdel, que ahora es un hotel, un silencio que perduraría durante décadas. Me quedé sola solo con mis recuerdos, atormentada por las decisiones que habían dado forma a mi mera existencia, y la comprensión de que ahora era un ser eterno en un mundo donde el amor y la pérdida estaban entrelazados. Melissa había sido un vampiro, una criatura inmortal, y nunca supe su secreto hasta esa fatídica noche. Todas sus historias, sus cuentos, sus poemas, habían sido un reflejo de su triste pasado.

Una de esas historias surge en mi mente que Melissa me contó una vez...

'Sombras de soledad'... A principios de 1500, París era una ciudad de contrastes, un vibrante tapiz de vida y arte tejido a través de calles estrechas y sinuosas, pero bajo el animado exterior yacía una profunda corriente de tristeza. La lluvia caía incesantemente, tamborileando contra los adoquines fuera del modesto alojamiento de Lucille, una pequeña habitación con vistas al Sena. La luz parpadeante de las velas proyectaba largas sombras, bailando a través de las paredes florales adornadas con tapices descoloridos, restos de una vida que alguna vez fue vibrante y ahora estropeada por esa soledad. Lucille estaba sentada en su habitación poco iluminada, con el corazón entristecido, cargado por el peso de la soledad. Se envolvió en un chal hecho jirones, con la tela deshilachada y raída, un testimonio de sus escasos recursos. En una mano, sostenía un delicado vaso lleno de vino tinto barato, cuyo profundo tono carmesí reflejaba el dolor que llevaba dentro. Cada sorbo ofrecía un escape fugaz de la amarga realidad de su triste vida, un breve respiro del vacío que la roía y que se había convertido en su compañera más constante. La gran ciudad del amor bullía fuera de su frágil ventana, con sonidos de risas débiles y alegría flotando en el aire. Los artistas exhibían sus majestuosas obras en la plaza cercana, los músicos rasgueaban melodías animadas en cada esquina y las parejas bailaban bajo el resplandor de los farolillos. Pero para Lucille, la alegría del mundo se sentía tan lejana como las estrellas, oculta detrás de las nubes de su desesperación.

A medida que la noche se profundizaba, la puerta de su habitación se abrió con un chirrido, revelando la figura de un hombre envuelto en un manto oscuro. Su nombre era Curtis, un músico con una voz encantadora y un corazón lleno de pasión. Se habían encontrado en una taberna cercana, ambos buscando consuelo de sus propios problemas tristes. Cautivó a Lucille con su música, las melodías que fluían de su laúd como el agua de un manantial, refrescando su espíritu reseco. Curtis había visto su soledad, la había observado mientras bebía su vino tinto, sus ojos reflejaban una profunda tristeza que se hacía eco de los suyos. Se acercó a ella, con una cálida sonrisa iluminando su rostro, y le ofreció una canción, una melodía que parecía tejer un hilo de conexión entre ellos. —No tiene por qué estar sola, mi señora, mi bella Lucille —había dicho en voz baja, con la voz como el terciopelo puro, pero a medida que los días se convertían en semanas, Lucille se vio cada vez más envuelta en su triste soledad. La botella de vino se había convertido en su única confidente, el alcohol envolvía su corazón como un tornillo de banco, sofocando los destellos de esperanza que Curtis intentaba encender. Ella lo apartó, creyendo que no era digna del calor que él le ofrecía, convencida de que su luz solo iluminaría su tristeza interior, su oscuridad interior.

—Lucille, por favor —imploró Curtis una noche, mientras sus ojos buscaban los de ella con una desesperación que le hacía doler el corazón—. "No tienes que llevar tus cargas solo. Permíteme ser tu compañero en esta tormenta que escondes dentro de ti mismo".

Ella negó con la cabeza, cálidas lágrimas se derramaron por sus mejillas, "Soy una mujer miserable, una criatura miserable, Curtis. Me temo que sólo te traeré tristeza.

Sin embargo, Curtis se mantuvo firme. La visitaba a menudo, trayendo regalos de flores silvestres de varios colores del campo y compartiendo historias de sus viajes por gran parte de Francia. Le cantaba canciones encantadoras que hablaban del amor verdadero y la belleza, sus palabras la envolvían como un abrazo reconfortante, pero Lucille, atrincherada en su desesperación, no podía ver el amor en sus ojos, ni la belleza que él veía en ella. Una noche fatídica, después de un día pasado ahogándose en su dolor, después de haber consumido mucho vino tinto, Lucille despertó de un sueño inquieto para encontrar las calles animadas con los sonidos de la celebración. Se estaba llevando a cabo un festival, un tributo a la cosecha anual, donde la gente del pueblo se reunía para bailar y deleitarse bajo la luz de la luna, la luna llena de la cosecha. Mientras miraba por la ventana, los colores y las risas se derramaron en su habitación, burlándose de ella con lo que ya no podía tener. Con un impulso repentino, se puso un vestido desgastado y desteñido y entró en la noche, con la lluvia ligera y rociadora mezclándose con las festividades. La música festiva la atraía, un canto de sirena que despertó en ella un anhelo. Mientras deambulaba entre la multitud de gente, vio a Curtis en un pequeño escenario, con los dedos bailando sobre las cuerdas de su laúd, su voz elevándose por encima de la lejana charla de la multitud. Cantó sobre el amor perdido y encontrado, sobre los sueños y la amarga desesperación, y Lucille sintió que su corazón se hinchaba con una mezcla de anhelo y arrepentimiento. Podía ver la alegría en su rostro masculino, la forma en que la multitud se sentía atraída hacia él como polillas a una llama. Sin embargo, mientras cantaba, su mirada se desvió más allá de la multitud, buscándola en las sombras. Cuando sus ojos se encontraron, un destello de esperanza se encendió dentro de ella, pero con la misma rapidez, sintió que el peso de su propia insuficiencia la arrastraba de vuelta a su oscuridad interior. Con manos temblorosas, se dio la vuelta, deslizándose de nuevo en la noche, las risas de la multitud se desvanecían detrás de ella. Tropezó por las calles empapadas por la lluvia, con el agua fría empapando el dobladillo de su vestido desteñido, pero no sintió nada, ni siquiera el frío del aire de la tarde. Su corazón se sentía pesado, entristecido, como si estuviera envuelto en grilletes de hierro.

La mañana siguiente amaneció con un cielo gris y sombrío, y Lucille se despertó con un vacío que parecía extenderse más allá de las paredes de su frágil habitación. Los ecos de la noche anterior la perseguían, la comprensión de sus decisiones se derrumbaba sobre ella. Cogió la botella de vino tinto, la quemadura familiar, la amargura familiar del sabor, en su garganta ofrecía el único consuelo que conocía, pero la botella se sentía más pesada en sus manos frágiles y debilitadas, una carga que ya no podía soportar. Los días se convirtieron en semanas, y la vibrante ciudad continuó arremolinándose a su alrededor, ajena a su sufrimiento interior. Curtis había intentado ponerse en contacto con ella, enviándole notas que no habían sido contestadas, flores que se marchitaban en el rincón de su habitación desierta, ya que ella le permitía verla. Cada flor, un recordatorio de su presencia, sintiéndose como una daga en su pecho, un cruel recordatorio del calor que había rechazado.

Una tarde lluviosa, mientras Lucille miraba hacia el Sena, volvió a verlo a él, a Curtis, de pie junto a la orilla del agua. Su cabello oscuro estaba húmedo y sus ojos ensombrecidos por la tristeza. Tocó una melodía lúgubre con su laúd amortiguado, las notas flotando en el aire como susurros de sueños perdidos. A Lucille le dolió el corazón al verlo. Quería llamarlo, explicarle la oscuridad que la había consumido, pero el miedo la mantenía cautiva. En cambio, se limitó a observar cómo terminaba su canción, una mirada de resignación se asentó en sus rasgos masculinos antes de que se diera la vuelta, la luz se desvanecía detrás de él, dejándola una vez más en las sombras de su dolor, sin permitirle volver a ver a Curtis. En ese triste momento, Lucille comprendió el verdadero costo de su amarga soledad, la pérdida del amor, la ruptura de la esperanza. A medida que se hundía de nuevo en las profundidades de su absoluta desesperación, se dio cuenta de que algunas decisiones nunca podrían deshacerse, y que la oscuridad interior, su tristeza, era ahora su única compañera. La leyenda diría que Lucille consumió demasiado de su vino tinto, que ahora es un espíritu que aún habita en la frágil ventana de esa habitación, con vistas a la ciudad de París.

Esta historia de Lucille perdura en mi mente mientras recuerdo los ojos tristes de Melissa, pero transmitían una sensación de alivio esa fatídica noche en que le quité la existencia. Seguí adelante en esta eterna danza de supervivencia. Sin embargo, en medio de esta eterna danza de la supervivencia, en las sinuosas calles de Nueva Orleans, el rico tapiz de la trágica historia de una ciudad se despliega bajo mis pies como los intrincados patrones de un chal de encaje. El aroma de la magnolia y el jazmín flota pesado en el aire nocturno, mezclándose con el sonido lejano de la música de jazz que se filtra a través de los callejones empedrados. Casi puedo oír los susurros del pasado resonando en la cálida brisa de la noche, una cacofonía de vidas vividas una vez, amores perdidos y secretos aún enterrados en las sombras del Barrio Francés. Desde sus inicios en los años 1500, Nueva Orleans siempre había sido una ciudad llena de contradicciones, fundada por los franceses, se convirtió en un crisol de muchas culturas, española, africana, criolla, cada una contribuyendo a la belleza vibrante y caótica que la define hoy. Las calles cuentan las historias ocultas de resiliencia, donde aquellos que buscaron refugio de la opresión forjaron sus identidades en medio de los bulliciosos mercados y las vibrantes festividades, creando tradiciones para honrar y recordar a sus antepasados. El Barrio Francés, en particular, se convirtió en un refugio seguro para artistas, soñadores y aquellos que bailaban en los márgenes de la sociedad, y yo estaba aquí, observando, adaptándome, a través de todo. A lo largo de las décadas, observé, presencié, cómo el paisaje siempre cambiante del Quarter, esta majestuosa ciudad, comenzó a cambiar. La casa del burdel, mi único hogar conocido, había florecido hace mucho tiempo, cuando el secreto era esencial, pero cuando sólo yo observaba cómo se acercaba el siglo XX, la mera atmósfera cambió por completo. Los susurros de reforma y moralidad recorrieron las calles como una tormenta, amenazando con desmantelar los cimientos mismos sobre los que se construyó mi vida. No tuve más remedio que adaptarme a estos cambios, tratando de estar siempre un paso por delante, mientras permanecía en las sombras, acechando, recordándome a mí misma la fragilidad de mi existencia.

Ahora, mientras miro las calles vibrantes y oscuras del Barrio Francés de Nueva Orleans, comprendo que la ciudad en sí misma es solo un tapiz de tragedias y triunfos, entretejidos a lo largo de los siglos, y al igual que la ciudad, yo también soy una criatura de las sombras, moldeada por la historia que me rodea, siempre reflexionando sobre las vidas que toqué a lo largo del tiempo. las vidas que he tomado, y el amor que una vez conocí y perdí. Los ecos inquietantes del pasado que aún susurran por los pasillos de mi alma inmortal, no puedo evitar sentir que Melissa me había regalado este espejo vintage de plata, que aún tengo en mis manos, como una mera confesión; porque sabía que me mostraría lo que necesitaba ver. Siento, a veces, como si Melissa estuviera cansada, agotada, de existir durante tanto tiempo, siento que quería terminar con su existencia, su vida de no-muerta. Como si se hubiera rendido, permitiéndome colocar esa daga oxidada a través de su frío corazón...

Capítulo 10

A medida que todos estos recuerdos de Melissa se arremolinan en mi mente, reflexiono sobre sus cuentos siempre amorosos, sus historias, que siempre me describía...

Era una de esas raras noches tranquilas en el burdel, de esas en las que el alboroto habitual se instala en la quietud de las sombras y los suspiros. El aire era seco, impregnado del aroma de la cera de las velas y de la madera envejecida, mientras que el tintineo lejano de las copas de la zona del bar de abajo no era más que un murmullo. Melissa estaba sentada con las piernas cruzadas en la cama deshilachada, con el pelo de cuervo suelto, captando el suave y parpadeante resplandor de la única vela que apenas iluminaba la habitación. Su piel pálida brillaba como la nieve a la luz de las velas. Frente a ella, me incliné, con la curiosidad habitando en lo profundo de mis ojos cansados, mientras Melissa comenzaba su historia...

—¿Has oído hablar alguna vez de Tristen y Lenore? —preguntó Melissa, con voz baja, un susurro suave, destinado únicamente a estas horas privadas y oscuras.

Negué con la cabeza, acercando las rodillas al pecho, moviendo los dedos nerviosamente jugando con el dobladillo deshilachado de mi vestido, "No". —le susurré—. —¿Fue una historia de amor, una trágica?

Melissa asintió, con una sonrisa amarga en los labios, "El tipo de historia de amor que nunca debería haber sido, pero lo fue. Se conocieron cuando el mundo era joven para ellos, con el corazón aún intacto por el peso de la realidad. Ella era la hija de un curandero, y él era... Bueno, él era de algún lugar muy lejano. Un soldado, decían, aunque nadie estaba muy seguro de por qué luchaba.

—¿Le encantó esto, Lenore? —pregunté, mi voz apenas un suspiro por encima del débil chisporroteo de la vela.

—Con toda su alma —respondió Melissa—. "Pero ya sabes cómo van estas historias. El amor, el amor verdadero, no es fácil, especialmente cuando es demasiado puro para este mundo".

La mirada de Melissa se desvió, su mente vagó de regreso a la historia que afirmó haber escuchado hace tanto tiempo, "Se encontrarían en secreto, así, como estamos ahora", señaló alrededor de la habitación tenuemente iluminada. "Al amparo de la noche, lejos de miradas indiscretas, hablando de sueños contaminados que nunca vivirían para ver. Al parecer, Tristen le prometió a Lenore el mundo entero, pero ella no lo quería. Ella solo lo quería a él, los momentos más tranquilos, los besos robados a la luz de la luna".

Se me atascó el aliento en la garganta, mientras el tono de Melissa se volvía más oscuro, "Pero Tristen estaba ligado a algo más profundo que su amor por Lenore. Había rumores de una oscura maldición, susurros de deudas de sangre debidas a fuerzas que nadie se atrevía a nombrar. Leonora, en su inocencia, pensó que el amor podía salvarlo de cualquier sombra que lo siguiera, pero el amor... El amor no siempre es suficiente".

La vela parpadeó, dibujando el pálido rostro de Melissa en un relieve más nítido. Sus ojos esmeralda, por lo general tan duros y cautelosos, se suavizaron con el peso de su historia: "Una noche, justo antes del amanecer, Tristen no llegó a su lugar de reunión. Lenore esperaba en el bosque, donde siempre se encontraban a la luz de la luna, bajo un viejo árbol de arce. Esperó varias y largas horas, con el corazón cada vez más pesado, hasta que el sol comenzó a salir en el cielo. Fue entonces cuando lo vio, o lo que quedaba de él.

Jadeé, mis dedos se aferraron a la manta que sostenía, mucho más fuerte, susurré frenéticamente: "¿Qué pasó, Melissa? ¡Tienes que decírmelo!"

‒ Estaba destrozado, Maria Grace -dijo Melissa, con una voz apenas un susurro-. "No en el cuerpo, sino en el espíritu. Tenía los ojos hundidos y la piel pálida como la de un muerto. Había sido atrapado por la oscuridad de la que tanto había intentado escapar. Tristen le dijo... Él le dijo que nunca podrían estar juntos, no en esta vida. Que lo que fuera que lo perseguía lo había alcanzado, y no podía arrastrarla al abismo con él. La amaba demasiado como para dejarla caer en la muerte con él.

Las lágrimas brotaron de mis ojos, mientras preguntaba débilmente: "¿Y ella le creyó?"

Melissa asintió lentamente, "¿Qué opción tenía? Ella le rogó que se quedara con ella, que luchara, pero él ya estaba perdido. Así que, bajo ese viejo árbol de arce, donde una vez habían compartido sueños, le dieron el último adiós. Tristen la besó por última vez y se alejó, desapareciendo en la niebla del amanecer. Lenore... Nunca lo volvió a ver.

La habitación se quedó en completo silencio, excepto por un suave crepitar de la vela. Me sequé los ojos, me dolía el corazón por un amor que nunca se conoció, "¿Qué le pasó a ella después de eso? ¿A Leonora?

Melissa suspiró, recostándose en la cabecera, la historia todavía pesaba mucho sobre ella, "Ella lo esperó todas las noches después de eso, todas las noches, con la esperanza de que regresara. Algunos dicen que se volvió loca de dolor, de desamor. Otros dicen que su corazón simplemente dejó de latir cuando se dio cuenta en su vejez de que él nunca volvería. De cualquier manera, Lenore murió bajo ese viejo árbol de arce, todavía esperando el amor que la había dejado atrás.

Me estremecí, la historia persistía como un fantasma en la habitación, su tristeza me envolvía como un abrazo frío, "Es tan triste", susurré, "¿por qué el amor siempre tiene que terminar así?"

Melissa apagó la vela que estaba ardiendo a fuego lento, con un rápido suspiro, sumergiéndolos en la oscuridad total, "Porque, Maria Grace", dijo suavemente, su voz se extendió a través de la negrura, "el verdadero amor nunca se va, incluso cuando se ha ido, se queda contigo... para siempre".

Otra historia surgió en mi mente; una que Melissa me había contado en esas tardes mucho más tranquilas dentro de la casa del burdel...

La noche era rancia, y la casa del burdel había caído en su habitual estado de silencio. Las pesadas cortinas de terciopelo estaban corridas, proyectando sombras que bailaban con el parpadeo de la única vela que Melissa sostenía en sus manos. Se sentó en el borde de la cama, de espaldas a la ventana entreabierta que solo dejaba entrar una leve bocanada de aire fresco. Estaba acurrucado en el suelo de madera junto a ella, con las piernas cruzadas sobre una manta de lana, con los ojos azules muy abiertos, expectantes, el cansancio del día se desvanecía lentamente bajo la tenue luz de la habitación.

—Alguna vez te has preguntado —empezó Melissa, con la voz baja, casi tragada por la quietud—, ¿qué pasa cuando pierdes a alguien que se siente como un pedazo de ti?

Miré a Melissa, con el ceño fruncido por la confusión, "¿Qué quieres decir?"

Los dedos de Melissa trazaron el borde del candelabro, sus ojos esmeralda distantes, como si vieran algo más allá de las paredes descoloridas de nuestro mundo, "Conocí a dos mujeres una vez", dijo lentamente, dejando que las palabras cayeran como piedras pesadas, "JoAnna Lynn y Josie Ann. Eran... como hermanas. No por sangre, sino en cualquier otra forma que importara. Tenían un prostíbulo, muy parecido a este en el que estamos, pero el suyo era otra cosa".

Ajusté mi posición sobre la manta, acercándome, sintiendo que este cuento iba a ser diferente de todos los demás que Melissa me había contado antes.

"Comenzaron en un pequeño pueblo en las afueras de Nueva Orleans", continuó Melissa, con voz suave pero firme. "Esto fue a finales de 1500, cuando las mujeres como nosotras no teníamos muchas opciones de supervivencia. JoAnna Lynn era la mayor, fuerte y alta, con el pelo negro como la medianoche y unos ojos tan oscuros que se podía jurar que veía a través de ti. Josie Ann, en cambio, era más ligera, en todos los sentidos. Cabellos dorados que atrapaban el sol, piel como porcelana y ojos del color de un cielo primaveral".

– Las dos suenan muy guapas, Melissa. —susurré mientras imaginaba sus marcos, sus apariencias.

—Lo eran —coincidió Melissa—. "Pero más que eso, eran muy inteligentes. Sabían cómo sobrevivir en un mundo que quería masticarlos y escupirlos. Comenzaron siendo pequeños, solo una o dos habitaciones para los viajeros que necesitaban más que una cama para pasar la noche, pero pronto, su lugar se hizo conocido. No solo por lo que cabría esperar de él, sino por la forma en que manejaban las cosas. Sus "chicas contratadas" fueron tratadas muy bien, mejor que en cualquier otro lugar. Los caballeros, incluso los ricos, sabían que tenían que respetar las reglas y a las chicas. No era solo un negocio, era un santuario, un hogar, para los rotos, los perdidos, y todo fue gracias a esas mujeres, JoAnna Lynn y Josie Ann".

Melissa hizo una pausa, sus ojos esmeralda se dirigieron a la ventana donde la luz de la luna luchaba por filtrarse a través del pequeño espacio de las cortinas. La observé de cerca, sintiendo el giro en la historia, sentí como si Melissa estuviera en un profundo recuerdo de lo que podrían haber sido sus experiencias pasadas.

"Sin embargo, no eran solo socios comerciales", dijo Melissa en voz baja, "se amaban, de una manera que iba más allá de lo que la gente podía entender en ese entonces. No en el sentido romántico, sino en algo más profundo. Habían crecido juntos, como hermanos, habían pasado por los peores momentos juntos. Se salvaron el uno al otro, una y otra vez. Cuando uno estaba abajo, el otro la levantaba. Cuando una estaba a punto de renunciar a la vida, la otra la arrastraba a través de esa oscuridad, sin dejar que el otro flaqueara".

Me dolía el corazón por estas dos mujeres que ni siquiera sabía que existían realmente, pero ya me sentía tan conectada con ellas, "Entonces, ¿qué pasó?" —pregunté, con voz vacilante, como si temiera la respuesta.

La mirada de Melissa se oscureció, su expresión cambió, "Las cosas nunca permanecen perfectas, Maria Grace. Lo sabes. Era solo cuestión de tiempo antes de que todo se viniera abajo".

Melissa se removió en la cama, dejó la vela en la pequeña mesa a su lado, proyectando largas sombras sobre la habitación, —Era un hombre —dijo Melissa, con amargura cubriendo sus palabras. "Siempre lo es. Llegó a sus vidas como una tormenta, encantador, rico, del tipo que sabía cómo hacer que las mujeres se sintieran vistas, importantes, seguras. Se llamaba Antonio, era un rico comerciante que pasaba por la ciudad de camino a algún lugar más grande, pero se quedó por amor a ellas, JoAnna Lynn y Josie Ann. Al principio, parecía inofensivo, alguien que solo buscaba pasar un buen rato. Pero tenía buen ojo para Josie Ann, y muy pronto, ella comenzó a enamorarse de él".

Se me cayó el corazón, sabiendo ya hacia dónde se dirigía esta historia.

"JoAnna Lynn no confió plenamente en él desde el principio", dijo Melissa, negando con la cabeza. "Había visto hombres como él antes, hombres que estaban acostumbrados a conseguir lo que querían, sin importar a quién tuvieran que destruir para conseguirlo. Ella le advirtió a Josie Ann, pero el amor te ciega, o al menos, te hace ignorar las cosas que no quieres ver de verdad".

Podía sentir la tensión en la habitación, la pesadez del relato se asentaba como un peso en mi pecho.

"Antonio comenzó a separar a las dos mujeres, lentamente al principio, de maneras que no se notarían de inmediato. Le decía a Josie Ann que se merecía más, que era una mujer mejor que dirigir un lugar como este. Le hizo sentir que la vida que ella y JoAnna Lynn habían construido ya no era suficiente para ella, y ella comenzó a creer en sus palabras. Dejó de trabajar tanto, pasando todo el tiempo con Antonio, soñando con una vida diferente que nunca iba a ser, mientras JoAnna Lynn cargaba sola con la carga de administrar el burdel".

La voz de Melissa se volvió más baja, pero más intensa, como si ella misma estuviera reviviendo el dolor de la historia, "JoAnna Lynn trató de mantener todo junto, trató de recordarle a Josie Ann lo que habían creado juntas, todo lo que habían construido, pero ya era demasiado tarde. Antonio tenía sus afiladas garras demasiado hundidas, y una noche, todo llegó a un punto crítico. Discutieron, JoAnna Lynn y Josie Ann, peor de lo que lo habían hecho antes. Se dijeron palabras que nunca se podían retractar".

Las manos de Melissa se cerraron en puños, sus pálidos nudillos se volvieron más blancos, "JoAnna Lynn le dijo a Josie Ann que si salía por la puerta del burdel con Antonio, no habría vuelta atrás. Si lo perdiera todo, incluso a ella, pero Josie Ann... Ella se fue de todos modos".

Las lágrimas se formaron en las comisuras de mis ojos azules, "¿Alguna vez regresó?"

Melissa negó con la cabeza lentamente, "No. No lo hizo. JoAnna Lynn nunca la volvió a ver. Se corrió la voz por la ciudad, susurros, de que Josie Ann y Antonio se habían escapado juntos, se habían ido de la ciudad, pero... No fue el final feliz que pensó que sería. Antonio la despojó de la poca riqueza que tenía consigo, la usó hasta dejarla en nada, y cuando terminó, la dejó en un lugar mucho peor que el que había empezado. Josie Ann murió sin un centavo y destrozada, con el corazón roto, sola, una sombra de la mujer que solía ser".

Respiré hondo, mi corazón se rompió por esa mujer que lo había perdido todo, "Y JoAnna Lynn, ¿qué fue de ella?" —pregunté, con mi voz apenas capaz de pronunciar las palabras.

El rostro de Melissa era ilegible, su expresión tensa con mucha tristeza por la historia, "JoAnna Lynn se quedó en ese burdel, sola. Lo mantuvo en funcionamiento, pero no era lo mismo sin su compañera, Josie Ann. Su corazón, su hermana no emparentada, se había ido. En realidad, nunca se perdonó a sí misma por dejar que Josie Ann se fuera y, en cierto modo, nunca la perdonó a ella por haberse ido. Algunos dicen que JoAnna Lynn envejeció con gracia, muriendo en su cama solitaria, pero con el corazón roto, mientras que otros dicen que simplemente desapareció una noche, caminando hacia el pantano, para nunca más ser vista.

La habitación cayó en un pesado silencio, el único sonido débil era el ligero crepitar de la vela. Me sequé una lágrima de la mejilla, sintiendo que la emoción de la trágica historia se asentaba profundamente en mis huesos, "¿Por qué todas las cosas buenas, las buenas relaciones, tienen que terminar en tal tragedia?" —pregunté con voz temblorosa.

Melissa me miró, sus ojos oscuros y perdidos a la luz de las velas, "Porque, Maria Grace, el mundo no está hecho para que exista el amor y la amistad así, no está hecho para mujeres como nosotras".

Reflexiono sobre otra tragedia romántica que Melissa me contó una vez, una historia inmortal...

En los sombríos callejones de Sevilla, donde los adoquines brillaban bajo la pálida luz de la luna, Elena encontró consuelo en su vida mundana. Como hija de un humilde comerciante, sus días transcurrían en medio de los bulliciosos mercados, pero su corazón anhelaba algo más. A menudo soñaba con la pasión, la aventura y el tipo de amor del que se tejían las historias, uno que la dejaría boquiabierta y transportaría su mundo muy lejos del suyo. Una tarde, atraída por el dulce rasgueo de una frágil guitarra, Elena entró en un patio apartado. Fue allí donde lo vio por primera vez, la figura de un hombre envuelto en la oscuridad, sus ojos brillando como estrellas gemelas contra la noche. No se parecía a nadie con quien se hubiera encontrado: alto, con el pelo negro azabache que caía en cascada como una cascada sobre sus hombros, y una presencia que se sentía a la vez magnética y premonitoria, casi hipnotizante. Su nombre era Damián, un nombre que ella llegaría a recordar con anhelo y tristeza. Sus ojos se encontraron y, en ese instante, el mundo a su alrededor se desvaneció en un eco lejano. Elena sintió una atracción abrumadora hacia él, como si el tejido mismo del destino hubiera tejido sus destinos. Damian, un vampiro maldito para vagar solo por la tierra, encontró en Elena un antiguo calor que descongeló el hielo que envolvía su frío corazón de muerto viviente. A medida que las noches se convertían en semanas, sus reuniones clandestinas se volvían más audaces, ocultas a las miradas indiscretas de una sociedad que nunca aceptaría su amor. Bajo la luz de la luna, bailaban en la intimidad del patio, rodeados de sombras que se arremolinaban con ellos a la luz de las velas. Damian le enseñó su mundo, historias de castillos antiguos y amores olvidados, de batallas libradas y perdidas, y de la oscuridad que envolvía su alma que nunca moría. Elena escuchaba, embelesada, con el corazón acelerado, hipnotizado, con cada secreto susurrado. Vio en sus ojos hundidos una profunda soledad que resonaba con sus propios sueños incumplidos. Sin embargo, bajo el encantador encanto de su íntimo romance se escondía una amarga verdad. Elena era mortal, un ser humano, una chispa fugaz en la eterna oscuridad de la existencia de Damián. A medida que su amor se profundizaba, Elena sentía el peso del tiempo presionándola como un espectro amenazante. Ella envejecería, mientras que Damián permanecería eternamente joven, su vitalidad menguaría a medida que permanecía intacto por el paso de los años.

Por fin llegó la noche fatídica, empapada en un silencio opresivo. Elena, agobiada por la inevitabilidad de su separación, se encontró una vez más en el patio. Damián se quedó allí, la luz de la luna proyectando largas sombras sobre su rostro, revelando el dolor grabado en sus rasgos masculinos y seductores. Él le cogió la mano, y ella pudo sentir la frialdad de su tacto filtrarse a través de su piel, agitando tanto el miedo como el anhelo en su interior. —Elena —comenzó, su voz era una melodía profunda e inquietante—, la oscuridad que me rodea es implacable. Quiero ofrecerte la eternidad, una eternidad conmigo, pero eso significaría sacrificar tu propia alma. No puedo soportar la idea de que tu luz se desvanezca en mi sombra".

Las lágrimas brillaron en los ojos de Elena mientras se acercaba, con el corazón dolorido, "Pero preferiría desvanecerme contigo que vivir toda una vida sin ti, sin tu amor. Tú eres mi luz, mi salvación, Damián".

Él negó con la cabeza, la angustia se derramó de sus ojos, "No, mi amor. No sabes lo que me pides. Tu luz debe brillar en este mundo oscurecido. Mereces una vida llena de risas y calidez, no una enredada con la mera oscuridad".

Cuando la luna se elevó en el cielo, iluminando su trágico dilema, Elena sintió que su corazón se rompía: "No puedo perderte, Damián. Te seguiría hasta las profundidades del infierno si eso significara que podría estar contigo".

La expresión de Damián se volvió grave. "Debes elegir a Elena. Si te quedas, te convertirás en parte de la oscuridad, haciendo cosas que nunca has experimentado, como beber la sangre de un mortal y nunca volver a ver la luz del sol. El hermoso ser humano que eres, se oscurecerá y tu dulce risa se desvanecerá, tus sueños se marchitarán y permanecerás por toda la eternidad. La eternidad es un tiempo muy largo para morar en esta tierra, especialmente si estás solo".

La elección pendía pesadamente entre ellos, un peso insoportable que amenazaba con aplastar el espíritu de Elena, y sin embargo, en su corazón, sabía la verdad, sabía que Damián tenía razón, que sus palabras eran la verdad. Cuando el amanecer amenazaba con despuntar, proyectando sombras que se alejaban bailando, ella susurró: "No puedo hacerte esto, no puedo hacer algo que te haga dejar de amarme. No me convertiré en una sombra de tu dolor, Damián. Solo quería estar contigo para siempre".

Con eso, Elena se dio la vuelta para irse, con el corazón destrozado a cada paso. Damián la vio irse, con el corazón destrozado, entristecido, a medida que crecía la distancia entre ellos. La luz del amanecer comenzó a colarse en el patio, un recordatorio agridulce de la vida que le esperaba más allá del horizonte, una vida de la que Damián nunca podría formar parte. Los días se convirtieron en meses, y Elena sintió que la vida dentro de ella comenzaba a desvanecerse lentamente, "¿había tomado la decisión correcta?" La alegría que una vez llenó su corazón fue reemplazada por un dolor hueco, un vacío, el recuerdo de Damian persiguiendo sus sueños. A medida que el sol se ponía cada noche, se quedaba en el mismo patio, esperando ver al hombre, el vampiro, que había encendido su alma, pero nunca llegó. Estaba atado por su maldición inmortal, incapaz de cruzar el umbral del amanecer que anunciaba su libertad, y así, ella se desvaneció, un susurro etéreo en el viento, un recuerdo atrapado en las sombras. Lo último que le quedaba de fuerza a Elena se esfumó mientras permanecía bajo la luna, con el corazón atado para siempre al de Damian. Con cada momento que pasaba, sentía que se alejaba más del mundo, su angustia no cesaba, como la niebla en una mañana de verano. En su último aliento, susurró su nombre, una promesa llevada a cabo en la noche.

Damián, perdido en las profundidades de su dolor inmortal, permaneció en el patio mucho después de que la luz de Elena se hubiera desvanecido. Nunca pensó que ella terminaría con todo tan rápido, había esperado que encontraría la felicidad más allá de él, en su vida mortal. La luna proyectaba su resplandor plateado sobre su pálido rostro, pero el calor de su amor era ahora un recuerdo lejano. Por toda la eternidad, caminaría solo por la tierra, atado por la oscuridad que había reclamado su corazón de no-muerto. A medida que el sol salía, su luz desterraba las sombras, Damian supo que siempre lloraría a la mujer que se había atrevido a amarlo como la criatura malvada que era. En la quietud del amanecer, juró recordarla siempre, un rayo de luz en su noche interminable. Damián desapareció en la oscuridad para no volver a amar jamás.

Al reflexionar sobre estas tristes historias, no puedo evitar sentir que Melissa me estaba contando su verdadera historia a través de estos mitos inventados. Mi corazón de no-muerto dolía por su alma perdida, dondequiera que habite ahora...

Capítulo 11

Mientras estoy de pie, permaneciendo al borde de la eternidad, me encuentro entrelazado con el tejido mismo de mi ciudad, Nueva Orleans, una ciudad que ha sido testigo de innumerables historias de amor, pérdida y redención. Mi viaje, un tapiz tejido con hilos de luz y sombra, me lleva a comprender mejor que la inmortalidad no es solo un don, sino una maldición, una carga cargada con el peso de los recuerdos.

Reflexionando sobre mi vida distanciada como Maria Grace, un nombre que ahora sostengo con orgullo, soy a la vez la joven que una vez creyó en la dulzura del amor y la mujer, el vampiro, que ahora camina por la noche, cargando con las cicatrices eternas de la traición y muchos arrepentimientos. Cada alma, cada vida que he encontrado, cada vida que he tocado, cada una que he tomado, se ha convertido en una parte de mí, resonando en la quietud de mi corazón no muerto. He amado ferozmente, he perdido profundamente y, en última instancia, he aprendido que la esencia de la existencia se encuentra no solo en los momentos de alegría, sino en las tristes lecciones grabadas con mucho dolor.

Melissa, con su belleza inquietante y su pasado incalculable, sigue siendo un recuerdo agridulce, un recordatorio de las complejidades de tanto amor y sacrificios duros. La noche en que terminé con su existencia está grabada para siempre en mi mente, una culminación de mucho dolor que me transformó en la misma criatura que ahora encarno. En su muerte, perdí una parte de mí mismo, sin embargo, obtuve la claridad de la verdad, una claridad para forjar mi propio camino eterno, uno que reconoce la oscuridad mientras abraza la luz.

Mientras continúo deambulando por estas vibrantes calles de esta ciudad, este Barrio Francés, los ecos de toda su historia a lo largo de los siglos, resuenan profundamente dentro de mí. Cada puesta de sol pinta el cielo con los colores oscuros de innumerables historias, un recordatorio de que la vida mortal es efímera, pero la vida eterna es insoportable a veces en toda su esencia. Soy un guardián de estas historias milenarias, un guardián de los recuerdos que perduran como susurros en el viento, nunca antes contados, hasta ahora, pero antes de terminar mi historia, me gustaría dejarles con una última historia que Melissa me contó una vez...

"En el corazón de España... En una húmeda tarde de verano en el corazón de Sevilla, España, Mateo, un artista robusto pero amable que sueña con crear algo significativo, se encuentra en el tenue resplandor de las linternas de la plaza, esbozando las líneas de la arquitectura histórica. En el extremo opuesto de la plaza, una joven, Isabel, absorbe en silencio la belleza de la plaza que la rodea. Es un espíritu libre, inteligente y ambicioso, aunque limitado por las rígidas expectativas de su familia. Su vida ha sido trazada por su familia, que está profundamente arraigada en el mundo de la política. Se encuentran por pura casualidad cuando Isabel se topa accidentalmente con Mateo, lo que hace que su cuaderno de bocetos caiga al suelo polvoriento. La reconoce por sus bocetos, ya que la ha observado desde lejos en la plaza en múltiples ocasiones. Su conversación es corta pero cargada de una tensión que es a la vez emocionante e intimidante. La conexión es instantánea, ambos sienten una sensación de reconocimiento, como si se conocieran antes, como en otra vida. Esa noche, se separan, pero ninguno de los dos puede quitarse de encima la sensación de que el destino los había unido. Poco sabían, pero sus caminos se volverían a cruzar, aunque no en las mismas circunstancias que podrían haber esperado. Mateo e Isabel se encuentran en los días siguientes, cada encuentro marcado por una intensidad creciente y una atracción innegable. Comienzan a compartir historias, Isabel comparte sobre la influencia de su familia sobre su futuro y Mateo sobre su lucha como artista que intenta sobrevivir en una ciudad que a menudo descarta los sueños. Ella se siente atraída por su intensa pasión y honestidad, un marcado contraste con el mundo frío y calculador en el que se ha criado. Mateo, por su parte, ve a Isabel como su musa, una mujer que encarna la belleza y la tragedia de la propia ciudad. Una noche, bajo los extensos olivos, comparten su primer beso. Es a la vez una promesa y una maldición. Isabel confiesa sus temores de decepcionar a su familia, y Mateo escucha, comprendiendo que sus mundos son incompatibles. Sabe que perseguir a Isabel significaría ir en contra de todo lo que le han enseñado a valorar. A pesar de esto, no pueden resistirse a encontrarse, escabulléndose por los callejones tranquilos y los jardines escondidos. A medida que los días se convierten en semanas, se ven embelesados en un romance vertiginoso, reuniéndose en secreto para escapar de las demandas y expectativas de sus vidas separadas, pero a medida que su amor crece, también lo hace darse cuenta de que están en tiempo prestado. La familia de Isabel empieza a sospechar, en particular su hermano mayor, Javier, que tiene ambiciones propias y se ha dado cuenta de sus extrañas ausencias. Él se enfrenta a Isabel una noche, instándola a considerar la reputación de su familia y la alianza política que están tratando de forjar con otra familia influyente. El corazón de Isabel se hunde cuando se entera de los planes de sus padres de casarla con Alejandro, un hombre rico y de gran poder. El peso de las exigencias de su familia le resulta insoportable, pero encuentra un frágil consuelo en su aventura secreta, sus encuentros prohibidos con Mateo. Sin embargo, Mateo se inquieta, sintiendo la sombra inminente de su separación. Él la insta a dejar a su familia, a vivir para sí misma, pero Isabel sabe el costo de tal rebelión. Significaría abandonar no solo a su familia, sino a todo su mundo y poner en riesgo su vida y la de Mateo. Atrapada entre la lealtad y el amor, Isabel se siente cada vez más atormentada. Los planes de su familia para ella se vuelven más apremiantes, pero no se atreve a abandonar a Mateo. Su pasión se convierte en una fuerza dolorosa y destructiva, ya que su amor se pinta con el dolor de lo que nunca podrán tener por completo. Isabel llega a un punto de ruptura. Su familia anuncia su compromiso inmediato con Alejandro en una gran celebración dentro de la plaza, haciéndole darse cuenta de la permanencia de su situación. En un momento de desesperación, se escabulle para encontrar a Mateo, temblando con el conocimiento de lo que realmente significa este compromiso. Se abrazan bajo la luz de la luna, susurrando falsas promesas y maldiciones contra el destino. Mateo, desesperado por aferrarse a Isabel, le ruega que huya con él. Vislumbra una vida mejor en el campo, lejos de la mirada de la sociedad, donde puedan vivir con sencillez, lejos de las sombras de la expectativa y la obligación. Pero, Isabel, atada por sus miedos internos, le dice que no puede dejar a su familia. La idea de vivir en el exilio, de convertirse en una paria, es algo que no se atreve a aceptar. Se forma una grieta entre ellos cuando ambos se dan cuenta de que los sueños prohibidos que tienen por sus vidas pueden no ser compatibles. En un último abrazo, Mateo e Isabel se aferran el uno al otro con tanta pasión, sabiendo cada uno que podría ser su último abrazo. Al amanecer, Isabel regresa con su familia, sellando su destino a Alejandro. Atormentado por su separación, Mateo comienza a desmoronarse, su angustia es casi insoportable. Su arte, que alguna vez fue una fuente de consuelo, se vuelve oscuro y muy retorcido, reflejando su angustia. La ausencia de Isabel lo deja en un estado de desesperación, incapaz de imaginar un futuro sin ella. Mientras tanto, Isabel soporta sus temidos preparativos de compromiso, ocultando su corazón roto bajo una fachada de obediencia. Aunque intenta olvidar a Mateo, su alma sigue atada a él. Impulsado por mucha angustia, Mateo hace un último intento por ver a Isabel, arriesgándolo todo. Él se enfrenta a ella en un jardín aislado donde una vez se conocieron, exigiendo saber si ella alguna vez lo amó o si todo fue una pasión fugaz por ella. Isabel, en conflicto y llena de culpa, admite que su corazón le pertenece, pero insiste en que nunca podrán tener ningún tipo de futuro juntos. Con esas palabras, Mateo se siente destrozado. Él la deja, cada paso que da lo aleja más de la única felicidad que realmente ha conocido. El tiempo pasa, pero ni Mateo ni Isabel, realmente pueden dejarlo ir. Mateo se hunde cada vez más en la desesperación, descuidando su arte y convirtiéndose en un fantasma del hombre que una vez fue. Isabel, por su parte, sigue adelante, triste, con su matrimonio con Alejandro, sintiéndose como si entrara en una cárcel dorada. Constantemente le recuerdan la vida que podría haber tenido y el amor que abandonó. En un último acto de mera desesperación, Mateo envía una carta a Isabel, diciéndole que se va de Sevilla para siempre, con la esperanza de encontrar la paz en otro lugar. La carta sacude a Isabel hasta la médula, reavivando su amor oculto por él y haciéndola cuestionar todo. Ella lucha con la idea prohibida de encontrarse con Mateo por última vez, dividida entre el deber y su deseo interior. En una noche de tormenta en Sevilla, Isabel se escabulle para ver a Mateo. Se encuentran junto al río, donde compartieron tantos sueños falsos. Es allí donde toman una decisión final y desgarradora. Incapaces de vivir el uno sin el otro, pero reacios a desafiar las vidas a las que están atados, comparten un último beso y juran que si el destino no les permite estar juntos en esta vida presente, tal vez en la próxima vida por venir. Meses después de su último encuentro juntos, Mateo es encontrado muerto en su pequeña y oscura habitación, rodeado de sus bocetos inacabados, sus pinturas inacabadas de Isabel. Había dejado un último cuadro de ella junto al río, cuyo último encuentro quedó inmortalizado a pinceladas. Su muerte se considera un suicidio, aunque muchos sospechan que simplemente murió de un corazón roto. Cuando la trágica noticia llega a Isabel, está inconsolable, aunque se ve obligada a mantener la compostura exterior. Los recuerdos de su amor, de su Mateo, la persiguen a diario, y cada lugar por el que una vez caminaron juntos ahora es un doloroso recordatorio del amor que sacrificó. Aunque sigue casada con Alejandro, su espíritu se debilita con cada año que pasa, como si parte de ella hubiera muerto junto con Mateo. Isabel envejeció, pero permaneció con el corazón roto y finalmente murió mientras dormía. En los muchos años que siguieron, los lugareños hablarían de un embrujo en la antigua plaza donde Mateo e Isabel se conocieron, rumores de una mujer y un hombre vistos abrazados bajo la tenue luz de la linterna. Algunos dirían que es el espíritu de una pareja separada pero reunida por fin. Aunque se descarta como una historia para entretener a través de los siglos, aquellos que realmente los conocieron siempre lo recordarán, siempre perseguidos por el amor que desafió el tiempo pero fue destrozado por el peso de sus propias decisiones amargas.

Al final, mis reflexiones revelan que ser inmortal, un vampiro, es estar entrelazado para siempre con la experiencia humana, un testigo inmortal de la hermosa tragedia de la mera existencia. El amor, en todas sus formas, sigue siendo el misterio más grande de todos, y la herida más profunda. Nos ata, nos cura y, en su ausencia, nos deja anhelando una conexión en un mundo a menudo envuelto en sombras.

Así que aquí estoy, Maria Grace, siempre una vampiro, siempre una buscadora de más comprensión, navegando por las complejidades de esta vida inmortal. Mientras abrazo los ecos de mi pasado, tratando de aferrarme siempre a los recuerdos, entro en el futuro con un corazón abierto, no muerto, listo para enfrentar, para abrazar, el amor que persiste débilmente, las esperanzas que aún parpadean tenuemente y las historias que aún no se han escrito, por contar.

Esta es mi reflexión, un viaje a través de la oscuridad y la luz, un testimonio de la resiliencia del espíritu humano, incluso cuando se viste de muerto viviente, y mientras escribo estas últimas palabras en papel, los invito a caminar conmigo, a compartir conmigo, en los susurros de una vida que trasciende el tiempo y abraza la danza eterna del amor y la gran pérdida.

Entonces, esta es mi historia, mi cuento... Todavía mantengo el viejo espejo plateado de época cerca de mí, mirándolo muy a menudo, para recordarme quién soy realmente, quién era realmente Melissa, un vampiro. Mi reflejo es blanco pálido, mientras miro mi piel blanca y vidriosa con el mismo cabello negro y hambriento y ojos de un azul profundo, los mismos que antes durante mis días mortales. Sin embargo, mi piel es mucho más pálida ahora que en mis años humanos. Sigo residiendo en el Barrio Francés de Nueva Orleans, donde siempre permaneceré, dentro de la antigua casa del burdel, que ahora es mi hotel renovado. Siempre tendré a Melissa, mi salvadora, mi protectora, mi medio de una existencia inmortal, en mis pensamientos y dentro de mi corazón imperecedero...

Reflejos de un vampiro, mis memorias, ya está contada.

Poema: Vampiro en el espejo

Vampiro en el espejo

En la quietud de la noche, donde la luna cuelga baja,

Una sombra se mueve donde no soplan vientos,

Ella está sola, su corazón largo y quieto,

Atada a la oscuridad, en contra de su voluntad.

Sus ojos, como el hielo, guardan historias no contadas,

De siglos vividos, de amor enfriado,

Con manos pálidas agarra el marco,

De un espejo que susurra su frágil nombre.

El vampiro en el espejo me devuelve la mirada,

Un reflejo fantasmal que nadie más puede ver,

Sin latidos del corazón, sin aliento, solo un alma hueca,

Una criatura maldita para pagar el precio de la inmortalidad.

Una vez, yo era humano, frágil y pequeño,

Con sueños que se extendían más allá de estos muros,

Ahora habito en el frío abrazo de la noche,

Un eco de vida, sin gracia salvadora.

Recuerdo el momento en que sentí el cambio por primera vez,

Cuando llegó un vampiro, misterioso y extraño,

Ella sanó mi enfermedad, mi cuerpo revivió,

Pero el precio fue mi madre, que ya no vivía.

Lloré a su lado mientras la vida se desvanecía,

Y el vampiro se quedó de pie, frío, sin nada que decir,

Sus ojos brillaban, sus labios sabían rojos,

Mientras que la sangre de mi madre era todo lo que alimentaba.

Los años pasaron en una neblina de desesperación olvidada,

Hasta que el amor floreció en secreto, un asunto frágil,

Mi amante, mi luz en un mundo de dolor,

Sin embargo, ni siquiera esa alegría pudo permanecer.

Para el vampiro, posesivo y lleno de deseo,
Se lo llevó, consumido en su fuego,
Solo me quedé con el silencio y las lágrimas,
Atormentado por las sombras, consumido por los miedos.
Entonces llegó la noche en que me puse de pie,
Con un puñal de hierro en mi mano temblorosa,
La traición del vampiro había calado demasiado hondo,
Y el demonio dentro de ella ya no podía mantenerlo.
Con furia, golpeé, y ella mordió con fuerza,
Nuestras vidas entrelazadas, marcadas para siempre,
Mientras su sangre manchaba mis labios, caí al suelo,
El niño que yo era, ya no existía.
Ahora me levanto, cada noche, bajo cielos estrellados,
Con recuerdos de tristeza, nublando mis ojos,
El vampiro en el espejo, con labios rojos,
Es todo lo que queda de la vida que una vez llevé.
No hay pulso bajo mi piel, no hay calor que sentir,
Un hambre que roe, una herida que no cicatriza,
Busco mi alma en ese cristal plateado,
Una reflexión atrapada en los momentos que pasan.
Ella me observa, la criatura en la que me he convertido,
Con susurros de amor, pero me he entumecido,
Para el vampiro en el espejo, aunque lleve mi cara,
Ya no está ligado al tiempo o al lugar.
Persigo sueños que no puedo revivir,
Pero las sombras solo toman, nunca dan,
Un siglo de amor, una vida de lágrimas de sangre,
Tragado por décadas, borrado por años.
Aun así, sostengo el espejo cerca de mi pecho,
Una reliquia de dolor, una muestra de descanso,
Me muestra la verdad de la que no puedo huir,
Que el vampiro del espejo siempre seré yo.
Así que vago por las noches, a la deriva, solo,

En un mundo donde las estrellas tienen corazones de piedra,
El vampiro en el espejo, su mirada tan clara,
Es el único reflejo que temeré.
Poema: Un roble retorcido
Un roble retorcido
Bajo la mirada fría y plateada de la luna,
Un roble retorcido se yergue, con las raíces al descubierto,
Sus ramas se extienden como dedos desgarrados,
Del profundo vientre de la tierra nacen oscuros secretos,
Su corteza es negra, como pecados confesados,
El aliento de un cementerio sobre su cresta,
Una vez orgulloso, una vez alto, ahora encorvado y lleno de cicatrices,
Testigo de dos corazones, desfigurados por el amor,
Se encontraron bajo su velo sombrío,
Una historia de amor, ahora afilada como un clavo,
Sus ojos como la noche, sus cabellos como llamas,
Pero la mano cruel del destino jugaría su juego,
Debajo de este árbol, donde sangran los susurros,
Juraron su amor, y los corazones escucharían,
Pero se derramó sangre y se rompieron los votos,
Su amor se convirtió en fantasma, llorado para siempre,
Ahora madera retorcida y gritos huecos,
Mézclate con los cielos de medianoche,
Un árbol de tristeza, oscuro y sombrío,
Donde las almas de los amantes se retuercen miembro a miembro,
Así que si pasas, asegúrate de huir,
De la sombra del roble,
Porque todavía tiene hambre, todavía espera,
Para atar a otro a su destino.
Poema: Reflejos en plata
Reflejos en plata
En la oscuridad aterciopelada, donde las sombras se arrastran,
Encuentro el lugar donde nadie se atreve a dormir.

Y en mi mano, un espejo frío,
Plateado y pequeño, pero con siglos de antigüedad.
Su marco está grabado con el arte cruel del tiempo,
Cada línea, una marca en mi corazón,
Miro su rostro vidrioso,
Y ver lo que el tiempo no puede borrar.
Mi reflejo mira, eternamente joven,
Sin embargo, mi alma ha cantado canciones silenciosas,
No hay aliento que empañe el brillo plateado,
No hay pulso que acelerar, no hay sueño despierto.
Pero una vez... oh, una vez, cuando yo era ella,
Un hijo mortal de la tierra y el mar,
Conocí el calor del beso del verano,
Viví dentro de la luz que echo de menos.
Sostuve este espejo, solo una niña,
Y giró bajo el suave remolino del mundo,
El cielo era vasto, el viento era benigno,
Y en ese vaso, supe lo que pensaba.
Pero las noches se hicieron largas, las sombras cayeron,
Y en sus brazos, probé el infierno,
La oscuridad llamó, una voz tan dulce,
Lo seguí a ciegas, incompleto.
La sonrisa de un extraño, la mordida de un extraño,
Y así comenzó mi noche interminable,
Ahora el tiempo, para mí, una cosa hueca,
Una rueda que gira sin muelle.
Sostengo el espejo cerca una vez más,
Una reliquia de la vida anterior,
Y en su espejo, un rostro veo,
Pero ya no es lo que una vez fui yo.
La chica que reía, que bailaba, que soñaba,
Ahora, perdido en este maldito resplandor,
Su piel estaba enrojecida, sus ojos vivos,

Pero ahora la veo desvanecerse, despojada.
El espejo sabe, el espejo ve,
La alegría mortal, la sencilla facilidad,
De respirar aire, de degustar el vino,
De sentir el hambre, signo mortal.
Sufro por los días de sol fugaz,
Por el tiempo que termina, una carrera una vez corrida,
Envejecer, marchitarse, decaer,
Pero todo eso fue despojado.
Mi belleza persiste, fría como la escarcha,
Una maldición eterna, un doloroso costo,
El espejo me muestra lo que he ganado,
Pero nunca habla de lo que queda.
Toco el cristal, no vuelve el calor,
Ni un parpadeo de la vida que arde,
En cambio, veo la mirada hueca,
De algo más que la desesperación de la muerte.
Imperecedero, sí, pero no vivo,
Un fantasma que nunca puede llegar,
Al final de mí, en cualquier paz.
Porque el tiempo mismo nunca cesará.
En esta reflexión, estoy obligado,
Un grito silencioso sin sonido,
La chica que fui, desaparecida para siempre,
Pero me queda seguir.
La maldición de un vampiro, el brillo de un espejo,
Una vida hueca, un sueño roto,
Sostengo el vaso, mi amigo infinito,
Y me pregunto cuándo terminará esta noche.
Porque aunque vivo, no prospero,
Estoy atrapado dentro de esta mentira inmortal,
Este espejo me muestra todo lo que me falta,
Un rostro de belleza, que le devuelve la mirada.

Pero la belleza se desvanece a la luz de la verdad,
Y he perdido mi eterna juventud,
Aunque el tiempo no pueda borrar mi rostro,
Me roba el corazón en su abrazo.
Así que ahora estoy, para siempre aquí,
Sin aliento para suspirar, sin lágrima para desgarrar,
Solo yo, este espejo, y la noche,
Reflejado en su luz plateada.
Y mientras la miro, la veo todavía,
Esa muchacha, una vez brillante, cuyo corazón podía sentir,
Pero ahora su memoria muere lentamente,
Detrás de estos ojos fríos e inmortales.

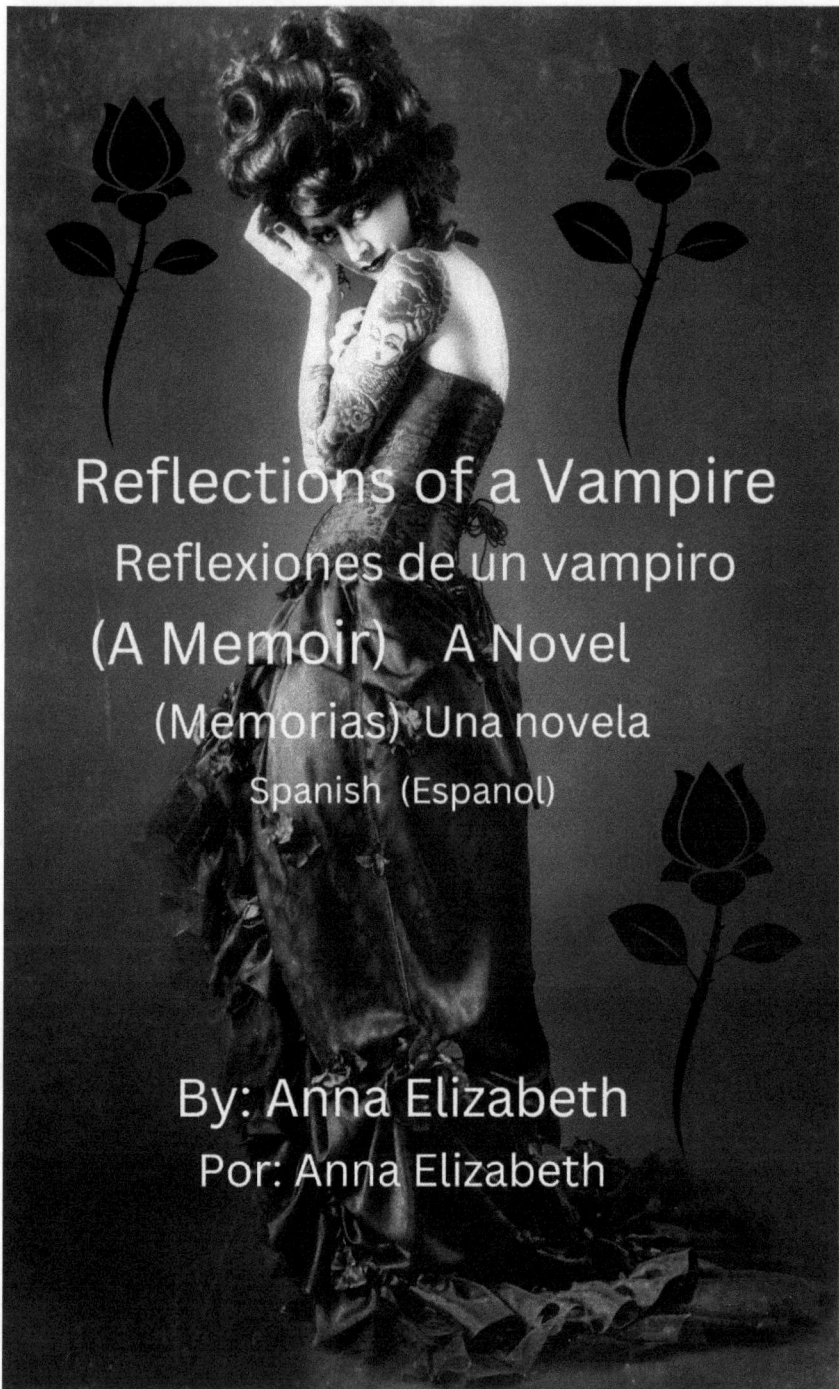

Reflections of a Vampire
Reflexiones de un vampiro
(A Memoir)   A Novel
(Memorias) Una novela
Spanish (Espanol)

By: Anna Elizabeth
Por: Anna Elizabeth

Mirando hacia atras. Reflexiones de la propia vida. El dolor, la tristeza, solo momentos de amarga felicidad.
Entonces, mi historia ahora puede ser contada.
Soy Maria Gracia. Un inmortal.
Esta historia no es para los debiles de corazon.
Era mi vida como mortal hasta que me converti.
Secretos no contados, ahora revelados. Del pasado al presente, una vida de arrepentimientos, decisiones tomadas.
Emprende este viaje a mi mundo, nunca volveras a ser el mismo.

Reflexiones de un Vampiro

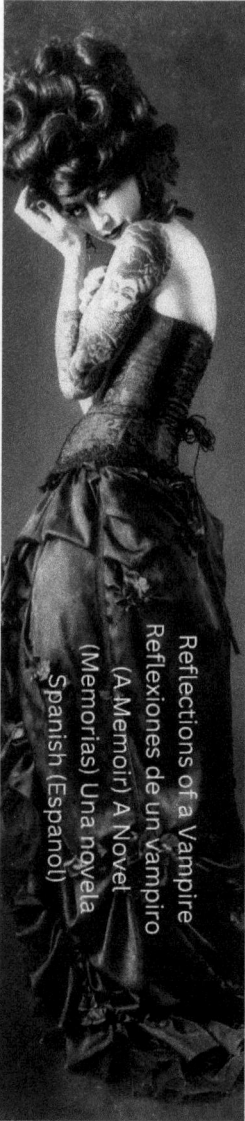

Reflections of a Vampire
Reflexiones de un vampiro
(A Memoir) A Novel
(Memorias) Una novela
Spanish (Español)

Milton Keynes UK
Ingram Content Group UK Ltd.
UKHW030753121124
451094UK00014B/1225